现代经济学理论与人力资源管理创新

毕 杰 白铁军 崔广宇◎著

哈尔滨出版社
HARBIN PUBLISHING HOUSE

图书在版编目（CIP）数据

现代经济学理论与人力资源管理创新 / 毕杰, 白铁军, 崔广宇著. — 哈尔滨：哈尔滨出版社, 2023.6
ISBN 978-7-5484-7283-4

Ⅰ.①现… Ⅱ.①毕… ②白… ③崔… Ⅲ.①经济学—研究②人力资源管理—研究 Ⅳ.①F0②F243

中国国家版本馆CIP数据核字(2023)第100361号

书　名：现代经济学理论与人力资源管理创新
XIANDAI JINGJIXUE LILUN YU RENLI ZIYUAN GUANLI CHUANGXIN

作　者：毕　杰　白铁军　崔广宇　著
责任编辑：杨浥新
装帧设计：道长矣

出版发行：哈尔滨出版社（Harbin Publishing House）
社　　址：哈尔滨市香坊区泰山路82-9号　邮编：150090
经　　销：全国新华书店
印　　刷：廊坊市海涛印刷有限公司
网　　址：www.hrbcbs.com
E-mail：hrbcbs@yeah.net
编辑版权热线：(0451)87900271　87400272

开　　本：787mm×1092mm　1/16　印张：8　字数：150千字
版　　次：2023年6月第1版
印　　次：2024年1月第1次印刷
书　　号：ISBN 978-7-5484-7283-4
定　　价：48.00元

凡购本社图书发现印装错误，请与本社印制部联系调换。
服务热线：(0451)87900279

前　　言

现代经济学是对已融入经济全球化国家经济运行的理论抽象和总结，是世界贸易组织制定国际规则的经济理论基础，也是各国政府制定应对经济全球化的政策的理论依据。社会主义国家与资本主义国家在制度方面不同，其市场经济体制存在一定的特殊性，但是这二者的市场经济运行规律是相同的，并且在经济运行方面存在共性。中国在加入世界贸易组织之后，直接融入了经济全球化之中，更需要我们吸取现代经济学的理论精华，透析市场经济的一般规律和特殊性，扬市场经济之长，避市场经济之短，在总结我国市场经济实践经验的基础上，创建有中国特色的社会主义市场经济理论框架，制定与国际惯例接轨、能应对经济全球化挑战、能利用经济全球化机遇的经济政策，促进国民经济持续稳定发展。

随着经济模式的不断更新，社会正在进入一个以智力资源的占有配置与知识的生产分配使用为生存手段的经济时代。随着这个新的经济时代的兴起，人力资源管理的创新对企业的发展起了举足轻重的作用。人力资源是企业经营发展的核心，现代企业的竞争，归根结底是人才的竞争，也就是人才开发水平的竞争。企业的发展完全依靠高素质的员工来实现，因而，人力资源开发与企业其他的工作环节相比，更为重要，也更有挑战性。一方面，人力资源的创新要正确使用、学习、借鉴先进企业的经验，要注重树立人才成本观念，既要注重投资回报，又要考虑人才投入的长远效应，不能为了节省成本而忽视对人才的引进、培养和发展；另一方面，要建立积极的人才培养模式，重视对员工的培训，建立完善的制度。

经济学是社会科学之王，它既是最新颖的科学，又是最古老的艺术，它是一门使人幸福的艺术。本书是现代经济学理论与人力资源管理创新方向的著作，简要介绍了需求与供给理论、消费者及生产者行为理论、市场理论等相关内容，宏观经济管理与调控，人力资源管理创新以及互联网时代的人力资源管理，深入分析和把握当前经济理论和人力资源管理的特点，对于我们科学决策、在更广泛的领域参与经济合作与竞争、把握好经济全球化带来的各种机遇具有十分重要的意义。

本书在写作过程中参考了众多专家学者的研究成果，在此表示诚挚的感谢。由于水平有限，在写作过程中难免会出现差错，恳请广大读者积极给予指正，以使本书更加完善。

目录

第一章 需求与供给 ... 1
- 第一节 需求曲线及供给曲线 ... 1
- 第二节 供求曲线的共同作用 ... 3
- 第三节 经济模型、静态分析、比较静态分析和动态分析 ... 7
- 第四节 需求弹性和供给弹性 ... 8

第二章 消费者及生产者行为理论 ... 16
- 第一节 消费者行为理论 ... 16
- 第二节 生产者行为理论 ... 25

第三章 市场理论 ... 36
- 第一节 资源配置与资源配置方式 ... 36
- 第二节 市场调节与市场机制 ... 39
- 第三节 市场结构与有效竞争 ... 42
- 第四节 市场的局部均衡与一般均衡 ... 55

第四章 宏观经济管理与调控 ... 57
- 第一节 宏观经济分析概述 ... 57
- 第二节 总需求与总供给 ... 66
- 第三节 通货膨胀与经济周期 ... 70

第五章 人力资源管理创新 ... 81
- 第一节 创新概述 ... 81
- 第二节 人力资源管理 ... 87
- 第三节 创新与人力资源管理的复合 ... 88
- 第四节 基于创新理念下的岗位分析与工作设计 ... 93

第六章 互联网时代的人力资源管理 ... 104
- 第一节 互联网时代人力资源管理面临的机遇与挑战 ... 104
- 第二节 互联网时代人力资源管理与传统人事管理的差异 ... 114
- 第三节 互联网时代人力资源管理的主要模式 ... 116

参考文献 ... 119

第一章　需求与供给

第一节　需求曲线及供给曲线

一、需求曲线

在市场经济中，价格是经济参与者相互之间联系和传递经济信息的机制，并且，价格机制也使经济资源得到有效率的配置。比如，当某种稀缺的昂贵原料被用来生产一种热销的产品时，这种产品在市场上的价格必然表现得很高。于是，生产者就会节省对这种原料的使用，甚至会积极地寻找某种新技术，以减少或替代原来稀缺原料的使用。同时，消费者会因为产品的高价而自愿减少对产品的需求量。既然价格在市场经济中的作用如此重要，那么，价格是如何形成的呢？

消费者和厂商的经济行为的相互联系表现为产品市场和生产要素市场供求关系的相互作用，而正是这种供求关系的相互作用形成了市场中的均衡价格。任何商品的价格都是由需求和供给两方面的因素共同决定的。因此，作为经济学分析的起点，本节和下一节分别介绍需求和需求曲线以及供给和供给曲线。

一种商品的需求，是指消费者在一定时期内在各种可能的价格水平下愿意并能够购买的该商品的数量。根据定义，如果消费者对某种商品只有购买的欲望而没有购买的能力，就不能算作需求。需求必须是指消费者既有购买欲望又有购买能力的有效需求。一种商品的需求数量是由许多因素共同决定的。其中主要的因素有该商品的价格、消费者的收入水平、相关商品的价格、消费者的偏好和消费者对该商品的价格预期等。它们各自对商品的需求数量的影响如下：

关于商品的自身价格：一般来说，一种商品的价格越高，该商品的需求量就会越小。相反，价格越低，需求量就会越大。

关于消费者的收入水平：对于大多数商品来说，当消费者的收入水平提高时，就会增加对商品的需求量；相反，当消费者的收入水平下降时，就会减少对商品的需求量。

关于相关商品的价格：当一种商品本身的价格保持不变，而与它相关的其他商品的价格发生变化时，这种商品本身的需求量也会发生变化。例如，在其他条件不变的前提下，当馒头的价格不变而花卷的价格上升时，人们往往就会增加对馒头的购买，从而使得馒头的需求量上升。

关于消费者的偏好：当消费者对某种商品的偏好程度增强时，该商品的需求量就会增加；相反，偏好程度减弱，需求量就会减少。

关于消费者对商品的价格预期：当消费者预期某种商品的价格在下一期会上升时，就会增加对该商品的现期需求量；当消费者预期某种商品的价格在下一期会下降时，就会减少对该商品的现期需求量。

所谓需求函数，是表示一种商品的需求数量和影响该需求数量的各种因素之间的相互关系。也就是说，在以上的分析中，影响需求数量的各个因素是自变量，需求数量是因变量。一种商品的需求数量是所有影响这种商品需求数量的因素的函数。但是，如果我们对影响一种商品需求量的所有因素同时进行分析，这就会使问题变得复杂起来。在处理这种复杂的多变量的问题时，通常可以将问题简化，即一次把注意力集中在一个影响因素上，而同时假定其他影响因素保持不变。在这里，由于一种商品的价格是决定需求量的最基本的因素，因此，我们假定其他因素保持不变，仅仅分析一种商品的价格对该商品需求量的影响，即把一种商品的需求量仅仅看成是这种商品的价格的函数，于是，需求函数就可以用下式表示：

$$Q^d = f(P)$$

式中：

P 为商品的价格；

为商品的需求量。

二、供给曲线

一种商品的供给是指生产者在一定时期内在各种可能的价格下愿意并且能够提供出售的该种商品的数量。根据上述定义，如果生产者对某种商品只有提供出售的愿望，而没有提供出售的能力，则不能形成有效供给，也不能算作供给。

一种商品的供给数量取决于多种因素的影响，其中主要的因素有该商品的价格、生产的成本、生产的技术水平、相关商品的价格和生产者对未来的预期。它们各自对商品的供给量的影响如下：

关于商品的自身价格：一般来说，一种商品的价格越高，生产者提供的产量就越大，相反，商品的价格越低，生产者提供的产量就越小。

关于生产的成本：在商品自身价格不变的条件下，生产成本上升会减少利润，从而使得商品的供给量减少；相反，生产成本下降会增加利润，从而使得商品的供给量增加。

关于生产的技术水平：在一般的情况下，生产技术水平的提高可以降低生产成本，增加生产者的利润，生产者会提供更多的产量。

关于相关商品的价格：在一种商品的价格不变，而其他相关商品的价格发生变化时，该商品的供给量会发生变化。例如，对某个生产小麦和玉米的农户来说，在玉米价格不变和小麦价格上升时，该农户就可能增加小麦的耕种面积而减少玉米的耕种面积。

关于生产者对未来的预期：如果生产者看好未来的预期，如预期商品的价格会上涨，生产者往往会扩大生产，增加产量供给；如果生产者对未来的预期是悲观的，如预期商品的价格会下降，生产者往往会缩减生产，减少产量供给。

一种商品的供给量，是所有影响这种商品供给量的因素的函数。如果假定其他因素均不发生变化，仅考虑一种商品的价格变化对其供给量的影响，即把一种商品的供给量只看成是这种商品价格的函数，则供给函数就可以表示为：

$$Q^S = f(P)$$

式中：

P 为商品的价格；

Q^S 为商品的供给量。

第二节 供求曲线的共同作用

我们已经知道，需求曲线说明了消费者对某种商品在每一价格下的需求量是多少，供给曲线说明了生产者对某种商品在每一价格下的供给量是多少。但是，它们都没说明这种商品本身的价格究竟是如何决定的。那么，商品的价格是如何决定的呢？微观经济学中的商品价格是指商品的均衡价格。商品的均衡价格是在商品的市场需求和市场供给这两种相反力量的相互作用下形成的。下面，将需求曲线和供给曲线结合在一起分析均衡价格的形成及其变动。

一、均衡的含义

在经济学中，均衡是一个被广泛运用的重要概念。均衡一般的意义是指经济事物中有关的变量在一定条件的相互作用下所达到的一种相对静止的状态。经济事物之所以能够处于这样一种静止状态，是由于在这样的状态中有关该经济事物的各参与者的力量能够相互制约和相互抵消，也由于在这样的状态中有关该经济事物的各方面的经济行为者的愿望都能得到满足。正因为如此,西方经济学家认为,经济学的研究往往在于寻找在一定条件下经济事物的变化最终趋于相对静止之点的均衡状态。

在微观经济分析中,市场均衡可以分为局部均衡和一般均衡。局部均衡是就单个市场或部分市场的供求与价格之间的关系和均衡状态进行分析。一般均衡是就一个经济社会中的所有市场的供求与价格之间的关系和均衡状态进行分析。一般均衡假定各种商品的供求和价格都是相互影响的,一个市场的均衡只有在其他所有市场都达到均衡的情况下才能实现。

二、均衡价格的决定

在经济学中,一种商品的均衡价格是指该种商品的市场需求量和市场供给量相等时的价格。在均衡价格水平下的相等的供求数量被称为均衡数量。从几何意义上说,一种商品市场的均衡出现在该商品的市场需求曲线和市场供给曲线相交的交点上,该交点被称为均衡点。均衡点上的价格和相等的供求量分别被称为均衡价格和均衡数量。市场上需求量和供给量相等的状态,也被称为市场出清的状态。

用图1-1说明一种商品的市场均衡价格的决定。

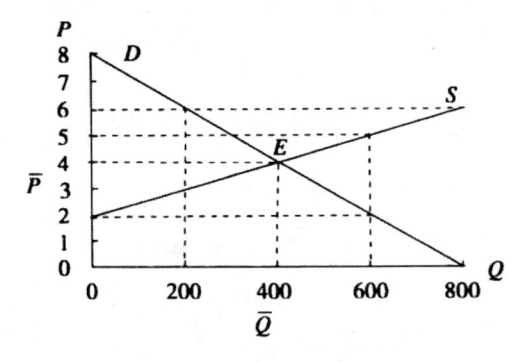

图1-1 均衡价格的决定

在图1-1中,假定 D 曲线为市场的需求曲线,S 曲线为市场的供给曲线。需求曲线 D 和供给曲线 S 相交于 E 点,E 点为均衡点。在均衡点,均衡价格 $P=4$ 元,均衡数量 $Q=400$。显然,在均衡价格4元的水平,消费者的购买量和生产者的销售量是相等的,都为400单位。也可以反过来说,在均衡数量400的水平,消费者愿意支付的最高价格和生产者愿意接受的最低价格是相等的,都为4元。因此,这样一种状态便是一种使买卖双方都感到满意并愿意持续下去的均衡状态。

均衡价格的决定也可以用与图1-1相对应的表1-1来说明。由表1-1清楚可见,商品的均衡价格为4元,商品的均衡数量为400单位。

表 1-1　某商品均衡价格的决定

价格（元）	6	5	4	3	2
需求量（单位数）	200	300	400	500	600
供给量（单位数）	800	600	400	200	0

商品的均衡价格是如何形成的呢？

商品的均衡价格表现为商品市场上需求和供给这两种相反的力量共同作用的结果，它是在市场的供求力量的自发调节下形成的。当市场价格偏离均衡价格时，市场上会出现需求量和供给量不相等的非均衡状态。一般来说，在市场机制的作用下，这种供求不相等的非均衡状态会逐步消失，实际的市场价格会自动地恢复到均衡价格水平。

仍用图 1-1 或相应的表 1-1 来说明均衡价格的形成。当市场的实际价格为高于均衡价格的 6 元时，商品的需求量为 200 单位，供给量为 800 单位。这种供给量大于需求量的商品过剩或超额供给的市场状况，一方面会使需求者压低价格来购买商品，另一方面，会使供给者减少商品的供给量。这样，该商品的价格必然下降，一直下降到均衡价格 4 元的水平。与此同时，随着价格由 6 元下降为 4 元，商品的需求量逐渐地由 200 单位增加为 400 单位，商品的供给量逐渐地由 800 单位减少为 400 单位，从而实现供求量相等的均衡数量 400 单位。相反地，当市场的实际价格为低于均衡价格的 3 元时，商品的需求量为 500 单位，供给量为 200 单位。面对这种需求量大于供给量的商品短缺或超额需求的市场状况，一方面，迫使需求者提高价格来得到其所要购买的商品量，另一方面，使供给者增加商品的供给量。这样，该商品的价格必然上升，一直上升到均衡价格 4 元的水平。在价格由 3 元上升为 4 元的过程中，商品的需求量逐渐地由 500 单位减少为 400 单位，商品的供给量逐渐地由 200 单位增加为 400 单位，最后达到供求量相等的均衡数量 400 单位。由此可见，当市场上的实际价格偏离均衡价格时，市场上总存在着变化的力量，最终达到市场的均衡或市场出清。

三、均衡价格的变动

一种商品的均衡价格，是由该商品市场的需求曲线和供给曲线的交点所决定的。因此，需求曲线或供给曲线的位置的移动都会使均衡价格水平发生变动。下面先介绍有关需求曲线和供给曲线位置移动的内容，然后再说明这两种移动对均衡价格以及均衡数量的影响。

(一) 需求曲线的移动

要了解需求曲线的移动，必须区分需求量的变动和需求的变动这两个概念。在西方经济学文献中，需求量的变动和需求的变动都是需求数量的变动，它们的区别在于引起这两种变动的因素是不相同的，而且，这两种变动在几何图形中的表示也是不相同的。

关于需求量的变动：需求量的变动是指在其他条件不变时，由某商品的价格变动所引起的该商品的需求数量的变动。在几何图形中，需求量的变动表现为商品的价格—需求数量组合点沿着一条既定的需求曲线的运动。

需要指出的是，这种变动虽然表示需求数量的变化，但是并不表示整个需求状态的变化。因为，这些变动的点都在同一条需求曲线上。

关于需求的变动：需求的变动是指在某商品价格不变的条件下，由于其他因素变动所引起的该商品的需求数量的变动。这里的其他因素变动是指消费者收入水平变动、相关商品的价格变动、消费者偏好的变化和消费者对商品的价格预期的变动等。

(二) 供给曲线的移动

要了解供给曲线的移动，必须区分供给量的变动和供给的变动这两个概念。类似于前述关于需求量的变动和需求的变动的区分，供给量的变动和供给的变动都是供给数量的变动，它们的区别在于引起这两种变动的因素是不相同的，而且，这两种变动在几何图形中的表示也是不相同的。

供给量的变动，是指在其他条件不变时，由某商品的价格变动所引起的该商品供给数量的变动。在几何图形中，这种变动表现为商品的价格—供给数量组合点沿着一条既定的供给曲线的运动。供给的变动，是指在某商品价格不变的条件下，由于其他因素变动所引起的该商品的供给数量的变动。这里的其他因素变动可以指生产成本的变动、生产技术水平的变动、相关商品价格的变动和生产者对未来的预期的变化等。在几何图形中，供给的变动表现为供给曲线的位置发生移动。

(三) 需求的变动和供给的变动对均衡价格和均衡数量的影响

先分析需求变动的影响：

在供给不变的情况下，需求增加会使需求曲线向右平移，从而使得均衡价格和均衡数量都增加；需求减少会使需求曲线向左平移，从而使得均衡价格和均衡数量都减少。

再分析供给变动的影响：

在需求不变的情况下，供给增加会使供给曲线向右平移，从而使得均衡价格下降，均衡数量增加；供给减少会使供给曲线向左平移，从而使得均衡价格上升，均衡数量减少。

综上所述，可以得到供求定理：在其他条件不变的情况下，需求变动分别引起均衡价格和均衡数量的同方向的变动；供给变动引起均衡价格的反方向的变动，引起均衡数量同方向的变动。

第三节　经济模型、静态分析、比较静态分析和动态分析

一、经济模型

经济理论是在对现实的经济事物的主要特征和内在联系进行概括和抽象的基础上，对现实的经济事物进行的系统描述。经济学家认为，因为现实的经济事物是错综复杂的，所以在研究每个经济事物时，往往要舍弃一些非基本的因素，只就经济事物的基本因素及其相互之间的联系进行研究，从而使得经济理论能够说明经济事物的主要特征和相关的基本因素之间的因果关系。

经济理论和经济模型的含义大致相同。一个经济理论的建立和运用，可以看成是一个经济模型的建立和使用。所谓经济模型是指用来描述所研究的经济事物的有关经济变量之间相互关系的理论结构。经济模型可以用语言文字或数学的形式（包括几何图形和方程式等）来表示。

下面以上一节的均衡价格的决定问题为例，说明经济模型的意义和它的不同的表示形式。

决定一种商品的市场价格的因素是极其复杂的。例如，气候、消费者的爱好、生产者的效率，甚至社会事件。经济学家在研究这一问题时，在众多的因素中精简得只剩下商品的需求、供给和价格3个基本因素。在此基础上，建立起商品的均衡价格是由商品的市场需求量和市场供给量相等时的价格水平所决定的这样一个经济模型。均衡价格决定模型可以用这样的语言文字的形式来表示，也可以用以下的数学形式来表示。

上一节中的图 1-1 就是以数学的几何图形来表示的均衡价格决定模型。该图形准确地说明了均衡价格是由市场需求曲线 D 和市场供给曲线 S 相交点的价格水平所决定的。除了几何图形以外，在数学方面，还可以用方程式来表示均衡价格决定模

型。该模型可以被表示为3个联立的方程。

$$Q^d = \alpha - \beta$$
$$PQ^s = -\delta + \gamma p$$
$$Q^d = Q^s$$

式中 α、β、δ、γ 均为常数,且均大于零。

二、内生变量、外生变量和参数

经济数学模型一般是用由一组变量所构成的方程式或方程组来表示的,变量是经济模型的基本要素。变量可以被区分为内生变量、外生变量和参数。在经济模型中,内生变量是指该模型所要决定的变量;外生变量是指由模型以外的因素所决定的已知变量,它是模型据以建立的外部条件。内生变量可以在模型体系内得到说明,外生变量决定内生变量,而外生变量本身不能在模型体系内得到说明。参数指数值通常不变的变量,也可以理解为可变的常数。参数通常是由模型以外的因素决定的,参数也往往被看成是外生变量。

三、静态分析、比较静态分析和动态分析

经济模型可以被区分为静态模型和动态模型。从分析方法上讲,与静态模型相联系的有静态分析方法和比较静态分析方法,与动态模型相联系的是动态分析方法。

仍以上面的均衡价格决定模型为例。在该模型中,当需求函数和供给的外生变量 α、β、δ 和 γ 被赋予确定数值以后,便可求出相应的均衡价 $\bar{P}$、均衡数量 $\bar{Q}$ 的数值。这种根据既定的外生变量值来求得内生变量值的分析方法被称为静态分析。

在上述的均衡价格决定模型中,当外生变量 α、β、δ 和 γ 被确定为不同的数值时,由此得出的内生变量 $\bar{P}$ 和 $\bar{Q}$ 的数值是不相同的。很显然,在一个经济模型中,当外生变量的数值发生变化时,相应的内生变量的数值也会发生变化,这种对外生变量变化对内生变量的影响方式的研究,以及对不同数值的外生变量下的内生变量的不同数值的分析比较,被称为比较静态分析。

第四节　需求弹性和供给弹性

一、弹性的一般含义

我们已经知道,当一种商品的价格发生变化时,这种商品的需求量就会发生变

化。此外，当消费者的收入水平或者相关商品的价格等其他因素发生变化时，这种商品的需求也会发生变化。同样地，当一种商品的价格发生变化，或者这种商品的生产成本等其他因素发生变化时，这种商品的供给量会发生变化。由此，我们会很自然地想知道，比如，当一种商品的价格下降1%时，这种商品的需求量和供给量究竟分别会上升和下降多少呢？当消费者的收入水平上升1%时，商品的需求量究竟增加了多少呢？等等。弹性概念就是专门为解决这类问题而被引入经济学的。

弹性概念在经济学中得到了广泛的应用。一般来说，只要两个经济变量之间存在着函数关系，我们就可用弹性来表示因变量对自变量变化的反应的敏感程度。具体地说，它是这样一个数字：它告诉我们，当一个经济变量发生1%的变动时，由它引起的另一个经济变量变动的百分比。例如，弹性可以表示当一种商品的价格上升1%时，相应的需求量和供给量的变化的百分比具体是多少。

在经济学中，弹性的一般公式为：

$$\text{弹性系数} = \frac{\text{因变量的变动比例}}{\text{变量的变动比例}}$$

设两个经济变量之间的函数关系为 $Y=f(X)$，则弹性的一般公式还可以表示为：

$$e = \frac{\frac{\Delta Y}{Y}}{\frac{\Delta X}{X}} = \frac{\Delta Y}{\Delta X} \cdot \frac{X}{Y}$$

式中 e 为弹性系数；

ΔX、ΔY 分别为变量 X、Y 的变动量。

该式表示：当自变量 X 变化1%时，因变量 Y 变化百分之几。

若经济变量的变化量趋于无穷小，即当 $\Delta X \to 0$，且 $\Delta Y \to 0$ 时，则弹性公式为：

$$e = \lim_{\Delta X \to 0} \frac{\frac{\Delta Y}{Y}}{\frac{\Delta X}{X}} = \frac{\frac{dY}{Y}}{\frac{dX}{X}} = \frac{dY}{dX} \cdot \frac{X}{Y}$$

需要指出的是，由弹性的定义公式可以清楚地看到：弹性是两个变量各变化比例的一个比值，所以，弹性是一个具体的数字，它与自变量和因变量的单位无关。

二、需求的价格弹性的含义

需求方面的弹性，主要包括需求的价格弹性、需求的交叉价格弹性和需求人弹性。其中，需求的价格弹性又简称为"需求弹性"。

需求的价格弹性表示在一定时期内一种商品的需求量变动对于该商品的价格变动的反应程度，或者说，表示在一定时期内当一种商品的价格变化1%时所引起的该商品的需求量变化的百分比。其公式为：

$$需求的价格弹性系数 = -\frac{需求量变动率}{价格变动率}$$

需求的价格弹性分为弧弹性和点弹性。

需求的价格弧弹性表示某商品需求曲线上两点之间的需求量的变动对于价格的变动的反应程度。简单地说，它表示需求曲线上两点之间的弹性。假定需求函数为 $Q = f(P)$，ΔQ 和 ΔP 分别表示需求量的变动量和价格的变动量，以 e_d 表示需求的价格弹性系数，则需求的价格弧弹性的公式为：

$$e_d = -\frac{\frac{\Delta Q}{Q}}{\frac{\Delta P}{P}} = -\frac{\Delta Q}{Q} \cdot \frac{P}{\Delta P}$$

需要指出的是，在通常情况下，由于商品的需求量和价格是呈反方向变动的，$\frac{\Delta Q}{\Delta P}$ 为负值，所以，为了便于比较，就在上面公式中加了一个负号，以使需求的价格弹性系数 e_d 取正值。

当需求曲线上两点之间的变化量趋于无穷小时，需求的价格弹性就要用点弹性来表示。也就是说，它表示需求曲线上某一点上的需求量变动对于价格变动的反应程度。需求的价格点弹性的公式为：

$$e = \lim_{\Delta x \to 0} \frac{\frac{\Delta Q}{Q}}{\frac{\Delta P}{P}} = \frac{\frac{dQ}{Q}}{\frac{dP}{P}} = \frac{dQ}{dP} \cdot \frac{P}{Q}$$

需求的价格弧弹性和点弹性的本质是相同的。它们的区别仅在于：前者表示价格变动量较大时的需求曲线上两点之间的弹性，而后者表示价格变动量无穷小时的需求曲线上某一点的弹性。

三、需求的价格弹性：弧弹性

我们已经知道，需求的价格弹性是告诉我们，当商品的价格变动1%时，需求量的变动究竟有多大的百分比。于是，我们完全可以设想：在商品的价格变化1%的前提下，需求量的变化率可能大于1%，这时 $e_d > 1$；需求量的变化率也可能小于1%，这时 $e_d < 1$；需求量的变化率也可能恰好等于1%，这时 $e_d = 1$。进一步讲，由于 $e_d > 1$ 表示需求量的变动率大于价格的变动率，即需求量对于价格变动的反应是比较敏感的,所以,$e_d > 1$被称为富有弹性。因为$e_d < 1$表示需求量的变动率小于价格的变动率,即需求量对于价格变动的反应不敏感,所以,$e_d < 1$被称为缺乏弹性。$e_d = 1$是一种巧合的情况,它表示需求量和价格的变动率刚好相等。$e_d = 1$被称为单一弹性或单位弹性。

四、需求的价格弹性和厂商的销售收入

在实际的经济生活中会发生这样一些现象:有的厂商提高自己的产品价格,能使自己的销售收入得到提高,而有的厂商提高自己的产品价格,使自己的销售收入减少了。这意味着,以降价促销来增加销售收入的做法,对有的产品适用,对有的产品却不适用。如何解释这些现象呢?这便涉及商品的需求的价格弹性的大小和厂商的销售收入两者之间的相互关系。

厂商的销售收入等于商品的价格乘以商品的销售量。在此假定厂商的商品销售量等于市场上对其商品的需求量,这样,厂商的销售收入就又可以表示为商品的价格乘以商品的需求量,即:厂商销售收入$= P \times Q$,其中,P表示商品的价格,Q表示商品的销售量即需求量。

商品的需求的价格弹性,表示商品需求量的变化率对于商品价格的变化率的反应程度。这意味着:当一种商品的价格P发生变化时,这种商品需求量Q变化,进而提供这种商品的厂商的销售收入$P \times Q$的变化情况,将必然取决于该商品的需求的价格弹性大小。所以,在商品的需求价格弹性和提供该商品的厂商的销售收入之间存在着密切的关系,这种关系可归纳为以下3种情况:

第一种情况:对于$e_d > 1$的富有弹性的商品,降低价格会增加厂商的销售收入,相反,提高价格会减少厂商的销售收入,即厂商的销售收入与商品的价格呈反方向的变动。其原因在于:当$e_d > 1$时,厂商降价所引起的需求量的增加率大于价格的下降率。这意味着价格下降所造成的销售收入的减少量必定小于需求量增加所带来的销售收入的增加量。所以,降价最终带来的销售收入$P \times Q$值是增加的。相反,在厂商提价时,最终带来的销售收入$P \times Q$值是减少的。

第二种情况:对于$e_d < 1$的缺乏弹性的商品,降低价格会使厂商的销售收入减少,相反,提高价格会使厂商的销售收入增加,即销售收入与商品的价格呈同方向的变动。其原因在于:$e_d < 1$时,厂商降价所引起的需求量的增加率小于价格的下降率。这意味着需求量增加所带来的销售收入的增加量并不能全部抵消价格下降所造成的销售收入的减少量。所以,降价最终使销售收入$P \times Q$值减少。相反,在厂商提价时,最终带来的销售收入$P \times Q$值是增加的。

第三种情况:对于$e_d = 1$的单位弹性的商品,降低价格或提高价格对厂商的销售收入都没有影响。其原因在于：当 $e_d=1$ 时，厂商变动价格所引起的需求量的变动率和价格的变动率是相等的。这样一来，由价格变动所造成的销售收入的增加量或减少量刚好等于由需求量变动所带来的销售收入的减少量或增加量。所以，无论厂商是降价还是提价，销售收入 $P\times Q$ 值都是固定不变的。

以上 3 种情况都是以需求的弧弹性为例进行分析的。事实上，经数学证明，对这 3 种情况分析所得到的结论，对需求的点弹性也是适用的。

与以上 3 种情况相对应，在经济学中，也可以根据商品的价格变化所引起的厂商的销售收入的变化，来判断商品的需求的价格弹性的大小：如果某商品价格变化引起厂商销售收入反方向的变化，则该商品是富有弹性的；如果某商品价格变化引起厂商销售收入同方向的变化，则该商品是缺乏弹性的；如果厂商的销售收入不随商品价格的变化而变化，则该商品是单位弹性的。

五、影响需求的价格弹性的因素

影响需求的价格弹性的因素很多，其中主要有以下几个：

第一，商品的可替代性。一般来说，一种商品的可替代品越多，相近程度越高，则该商品的需求的价格弹性往往就越大；反之，该商品的需求的价格弹性往往就越小。例如，在苹果市场，当国光苹果的价格上升时，消费者就会减少对国光苹果的需求量，增加对相近的替代品如金冠苹果的购买。这样，国光苹果的需求弹性就比较大。又如，对于食盐来说，没有很好的可替代品，所以，食盐价格的变化所引起的需求量的变化几乎等于零，它的需求的价格弹性是极其小的。

对一种商品所下的定义越明确、越狭窄，这种商品的相近的替代品往往就越多，需求的价格弹性也就越大。比如，某种特定商标的豆沙甜馅面包的需求要比一般的甜馅面包的需求更有弹性，甜馅面包的需求又比一般的面包的需求更有弹性，而面包的需求的价格弹性比一般的面粉制品的需求的价格弹性又要大得多。

第二，商品用途的广泛性。一般来说，一种商品的用途越是广泛，它的需求的价格弹性就可能越大；相反，用途越是狭窄，它的需求的价格弹性就可能越小。其原因在于：如果一种商品具有多种用途，当它的价格较高时，消费者只购买较少的数量用于最重要的用途上；当它的价格逐步下降时，消费者的购买量就会逐渐增加，将商品更多地用于其他的各种用途上。

第三，商品对消费者生活的重要程度。一般来说，生活必需品的需求的价格弹性较小，非必需品的需求的价格弹性较大。例如，馒头的需求的价格弹性是较小的，电影票的需求的价格弹性是较大的。

第四，商品的消费支出在消费者预算总支出中所占的比例。消费者在某商品上的消费支出在预算总支出中所占的比例越大,该商品的需求的价格弹性就可能越大;反之,则越小。例如,盐、铅笔、肥皂等商品的需求的价格弹性就是比较小的,因为消费者每日在这些商品上的支出是很小的,消费者往往不太重视这类商品价格的变化。

第五,所考察的消费者调节需求量的时间。一般来说,所考察的调节时间越长,则需求的价格弹性就可能越大。这是因为当消费者决定减少或停止对价格上升的某种商品的购买之前,他(她)一般需要花费时间去寻找和了解该商品的可替代品。例如,当石油价格上升时,消费者在短期内不会较大幅度地减少需求量。但设想在长期内,消费者可能找到替代品,于是,石油价格上升会导致石油的需求量较大幅度地下降。

需要指出,一种商品需求的价格弹性的大小是各种影响因素综合作用的结果。所以,在分析一种商品的需求的价格弹性的大小时,要根据具体情况进行全面的综合分析。

六、弹性概念的扩大

根据弹性概念的一般公式可知,在任何两个具有函数关系的经济变量之间都可以建立弹性,以便研究这两个经济变量变动的相互影响。在经济学中有许多弹性,这些弹性的建立方法和需求弹性是相似的。下面主要分析供给方面和需求方面的另外两个弹性:供给的价格弹性和需求的交叉弹性。

(一) 供给的价格弹性

在经济学中,供给弹性包括供给的价格弹性、供给的交叉价格弹性和供给的预期价格弹性等。我们在这里分析的是供给的价格弹性,它通常被简称为"供给弹性"。

供给的价格弹性表示在一定时期内一种商品的供给量的变动对于该商品的价格的变动的反应程度,或者说,表示在一定时期内当一种商品的价格变化1%时所引起的该商品的供给量变化的百分比。它是商品的供给量变动率与价格变动率之比。

与需求的价格弹性一样,供给的价格弹性也分为弧弹性和点弹性。

可以根据曲线型供给曲线上所求点的切线与坐标横轴的交点是位于坐标原点的左边,还是位于坐标原点的右边,或者恰好就是坐标原点,来分别判断该点的供给是富有弹性的,还是缺乏弹性的,或者是单位弹性的。

在影响供给的价格弹性的众因素中,时间是一个很重要的因素。当商品的价格发生变化时,厂商对产量的调整需要一定的时间。在很短的时间内,厂商若要根据商品的涨价及时地增加产量，或者根据商品的降价及时地缩减产量，都存在不同程度的困难，相应地，供给弹性是比较小的。但是，在长期内，生产规模的扩大与缩小，甚至转产，都是可以实现的，供给量可以对价格变动做出较充分的反应，供给的价格弹性也就比较大了。

此外，在其他条件不变时，生产成本随产量变化而变化的情况和产品的生产周期的长短，也是影响供给的价格弹性的另外两个重要因素。就生产成本来说，如果产量增加只引起边际成本的轻微提高，则意味着厂商的供给曲线比较平坦，供给的价格弹性可能是比较大的；相反，如果产量增加引起边际成本的较大提高，则意味着厂商的供给曲线比较陡峭，供给的价格弹性可能是比较小的。就产品的生产周期来说，在一定的时期内，对于生产周期较短的产品，厂商可以根据市场价格的变化较及时地调整产量，供给的价格弹性相应就比较大，相反，生产周期较长的产品的供给的价格弹性往往就较小。

(二) 需求的交叉价格弹性

如前所述，一种商品的需求量受多种因素的影响，相关商品的价格就是其中的一个因素。假定其他的因素都不发生变化，仅仅研究一种商品的价格变化和它的相关商品的需求量变化之间的关系，则需要运用需求的交叉价格弹性的概念。需求的交叉价格弹性也被简称为"需求的交叉弹性"。

需求的交叉价格弹性，表示在一定时期内一种商品的需求量的变动对于它的相关商品的价格的变动的反应程度，或者说，表示在一定时期内当一种商品的价格变化1%时所引起的另一种商品的需求量变化的百分比。它是该商品的需求量的变动率和它的相关商品的价格的变动率的比值。

需求的交叉价格弹性系数的符号取决于所考察的两种商品的相关关系。

商品之间的相关关系可以分为两种：一种为替代关系，另一种为互补关系。简单地说，如果两种商品之间可以互相代替以满足消费者的某一种欲望，则称这两种商品之间存在着替代关系，这两种商品互为替代品，如苹果和梨就互为替代品。如果两种商品必须同时使用才能满足消费者的某一种欲望，则称这两种商品之间存在着互补关系，这两种商品互为互补品，如磁带和录音机就是互补品。

若两种商品之间存在着替代关系，则一种商品的价格与它的替代品的需求量之间呈同方向的变动，相应的需求的交叉价格弹性系数为正值。例如，当苹果的价格上升时，人们自然会在减少苹果的购买量的同时，增加对苹果的替代品如梨的购买量。若两种商品之间存在着互补关系，则一种商品的价格与它的互补品的需求量之间呈反方向的变动，相应的需求的交叉价格弹性系数为负值。例如，当录音机的价格上升时，人们会减少对录音机的需求量，这样，作为录音机的互补品的磁带的需求量也会因此而下降。若两种商品之间不存在相关关系，则意味着其中任何一种商品的需求量都不会对另一种商品的价格变动做出反应，相应的需求的交叉价格弹性系数为零。

反过来，可以根据两种商品之间的需求的交叉价格弹性系数的符号，来判断两种商品之间的相关关系。若两种商品的需求的交叉价格弹性系数为正值，则这两种商品之间为替代关系；若为负值，则这两种商品之间为互补关系；若为零，则这两种商品之间无相关关系。

(三) 其他弹性

前面所分析的需求的价格弹性、供给的价格弹性和需求的交叉价格弹性都是就商品的供求数量与商品的价格相互之间的关系进行研究的。实际上，弹性关系并不仅限于商品的供求数量和价格之间，弹性概念被广泛地运用于各种相关的经济变量之间。

在需求的收入弹性的基础上，如果具体地研究消费者用于购买食物的支出量对于消费者收入量变动的反应程度，就可以得到食物支出的收入弹性。经济学中的恩格尔定律指出：在一个家庭或在一个国家中，食物支出在收入中所占的比例随着收入的增加而减少。用弹性概念来表述恩格尔定律可以是：对于一个家庭或一个国家来说，富裕程度越高，则食物支出的收入弹性就越小；反之，则越大。许多国家经济发展过程的资料表明，恩格尔定律是成立的。

除了上述在经济学文献中经常出现的弹性概念外，根据所研究的具体经济问题的不同需要，经济学家也经常建立一些新的弹性关系。例如，一些经济学家研究一个国家的电力消耗量和国民生产总值(Gross National Product, GNP)之间的弹性关系，这对于如何根据对一国经济增长的预测来合理安排本国的电力工业的发展是有实际意义的。

第二章　消费者及生产者行为理论

第一节　消费者行为理论

一、基数效用论

(一) 总效用和边际效用

1. 总效用

一些西方经济学家认为，效用的大小可以设想用数字表示并加以计算和比较。总效用(Total Utility, TU)是指消费者消费一定数量的物品或服务而得到的效用总和。总效用是关于商品数量(Q)的函数，可记为：

$$TU=f(Q)$$

2. 边际效用

边际效用(Marginal Utility, MU)是指消费者在一定时期内每增加一单位某商品或劳务的消费所引起的总效用的增量。边际的含义是增量，指自变量增加所引起的因变量增加量。如果用 ΔX 表示消费商品数量的变化量，用 ΔTU 表示总效用的变化量，那么边际效用可用下列公式表示：

$$MU_X = \frac{\Delta TU_X}{\Delta X}$$

如果效用函数连续可导，边际效用可以表示为：

$$MU_X = \lim_{\Delta x \to 0} \frac{\Delta TU_X}{\Delta X} = \frac{dTU}{dX}$$

3. 边际效用递减规律

(1) 边际效用递减规律

边际效用是递减的，这种现象普遍存在于一切物品的消费中。边际效用递减规律的内容可以表述为：在其他条件不变的前提下，随着一个人所消费的某种物品的数量增加，其总效用虽然相应增加，但物品的边际效用随所消费物品数量的增加而有递减的趋势。

为什么边际效用会递减呢？根据西方学者的解释，有两个方面的原因。

一是生理或心理的原因。人的欲望虽然多种多样，永无止境，但由于生理等因素的限制，就每个具体欲望满足来说是有限的。最初的欲望最大，因而消费第一个单位商品时得到的满足也最大，随着商品消费的增加，欲望也随之减少，从而使感觉上的满足程度递减，以致当要满足的欲望消失时还增加消费的话，反而会引起厌恶的感觉。

二是物品本身用途的多样性。每一种物品都有多种用途，各种用途的重要程度不同，人们总是会把它先用于最重要的用途，也就是效用最大的地方，然后才是次要的用途，故后一单位的物品给消费者带来的满足或提供的效用一定小于前一单位提供的效用。

(2) 关于货币的边际效用

西方经济学家认为，货币如同物品一样，也具有效用，物品的边际效用是递减的，货币收入的边际效用也是递减的。对于一个消费者来说，随着货币收入量的不断增加，货币的边际效用是递减的。这就是说，随着某消费者货币收入的逐步增加，每增加一元钱给该消费者所带来的边际效用是越来越小的。同样数量的货币收入，对穷人和富人来说，其边际效用存在很大差别。"富人的钱不值钱，穷人的时间不值钱"说的就是这个道理。如果将高收入家庭的货币减少某一数额，而使同等数额的货币收入转移到低收入家庭，这样就会增加社会的总效用。

(二) 基数效用论

既然效用是用来表示消费者在消费商品时所感受到的满足程度，于是就产生了对这种"满足程度"即效用的度量问题。在这一问题上，西方经济学家先后提出了基数效用论和序数效用论的概念，并在此基础上，形成了分析消费者行为的两种方法，分别是基数效用论者的边际分析方法和序数效用论者的无差异曲线分析方法。

基数效用论者的基本观点是：效用是可以计量并可以加总求和的。表示效用大小的计量单位被称为效用单位(Utility Unit)。因此，效用的大小可以用"基数(1，2，3，……)"来表示，正如长度单位可以用"米"来表示一样，其计数单位就是效用单位。

(三) 消费者均衡

消费者均衡是研究单个消费者如何把有限的货币收入分配在各种物品的购买中以获得最大的效用。也就是说，在消费者的收入和物品的价格既定的条件下，当消费者选择物品组合获取了最大的效用满足，并将保持这种相对稳定的状态不再调整，称消费者处于均衡状态,简称为"消费者均衡"。消费者均衡是消费者行为理论的核心。

1. 实现消费者均衡的假定条件

(1) 消费者的嗜好与偏好既定

由于效用的主观性,消费者对各种物品组合的效用评价会因时、因地或因其他条件发生改变,这里假设消费者对各种物品组合的效用的评价是既定的,不会发生变动。

(2) 消费者的收入既定

因为收入有限,需要用货币购买的物品很多,但不可能全部都买,只能买自己认为重要的几种。因为每一元货币的功能都是一样的,在购买各种物品时最后多花的每一元钱都应该为自己增加同样的满足程度,否则消费者就会放弃不符合这一条件的购买量组合,而选择自己认为更合适的购买量组合。

(3) 物品的价格既定

由于物品价格既定,消费者就要考虑如何把有限的收入分配于各种物品的购买与消费上,以获得最大效用。由于收入固定,物品价格相对不变,消费者用有限的收入能够购买的物品所带来的最大的满足程度也是可以计量的。

(4) 每一单位货币的边际效用对消费者既定

因为货币和普通商品一样也具有效用和边际效用,人们用货币购买商品,实际上就是用货币的效用去交换其他商品的效用,只有假定货币的边际效用是不变的,才能用货币的效用去衡量其他商品的效用。

2. 实现消费者均衡的条件

基数效用论者认为,消费者实现效用最大化的均衡条件时,如果消费者的货币收入是固定的,市场上各种商品的价格是已知的,那么消费者应该使自己所购买的各种商品的边际效用与价格之比相等,或者说,消费者应使自己消费在各种商品购买上的最后一元钱所带来的边际效用相等。

(四) 消费者剩余

在消费者购买物品时,消费者对每一单位物品所愿意支付的价格取决于这一单位物品的边际效用。因为物品的边际效用是递减的,所以,消费者对某种物品所愿意支付的价格是逐步下降的。但这里需要说明的是,消费者对每一单位物品所愿意支付的价格并不等于该物品在商场上的实际价格。可是不管怎样,消费者在购买物品的时候都是按实际的市场价格来支付的。于是在消费者愿意支付的价格和物品实际的市场价格之间就产生了一定的差额,这个差额就构成了消费者剩余的基础。

在理解消费者剩余的时候,需要注意以下几点:

第一，消费者获得消费者剩余并不意味着实际收入的增加，而只是一种心理感受。

第二，生活必需品的消费者剩余一般较大。例如，消费者对生活必需品水、食盐、农产品等的效用评价很高，需求价格也高，而这类物品的实际价格并不高，因而其消费者剩余较大。

第三，在公共物品上，如道路、水坝、生态林投资的成本—收益分析中，消费者剩余是非常有用的分析工具。公共物品由政府投资，消费者无偿使用，因而它不能带来实际收入，政府对其收益的计量应该根据消费者剩余来估算；若有收益，即消费者剩余大于成本，则该项投资就是合理的。

第四，消费者剩余可以用来衡量消费者福利的指标。消费者从购买物品中得到的消费者剩余越大，说明生产与交易这种物品的活动给消费者带来的福利越大。

二、序数效用论

(一) 序数效用论基础

序数效用论是为了弥补基数效用论的缺点而提出的另一种研究消费者行为的理论。其基本特点是：效用作为一种心理现象无法计量，也不能加总求和，只能表示出满足程度的高低与顺序，因此，效用只能用序数（第一，第二，第三，……）来表示。例如，消费者消费了巧克力与唱片，他（她）从中得到的效用是无法衡量，也无法加总求和的，更不能用基数来表示，但他（她）可以比较从消费这两种物品中所得到的效用。如果他（她）认为消费一块巧克力所带来的效用大于消费一张唱片所带来的效用，那么就说明一块巧克力的效用是第一，一张唱片的效用是第二。序数效用论采用无差异曲线的分析方法来分析消费者行为，提出消费者实现均衡的条件。序数效用论指出，消费者对于各种不同的物品组合的偏好程度是有差别的，这种偏好程度的大小决定了效用的大小。

(二) 无差异曲线

1. 消费者偏好

序数效用论认为，尽管效用不能用基数来具体计量并加总求和，但商品的效用大小还是可以比较的，是能够用顺序或等级来表示的，为此，序数效用论者提出了偏好的概念。消费者偏好表示消费者对不同物品或物品组合的喜好程度。

对于不同的物品组合，消费者偏好的程度是有差异的，这种偏好程度的差别决定了不同物品组合的效用的大小顺序。例如，对于 A、B 两种物品的组合，若消费者对A组合的偏好程度大于B组合的偏好程度,则可以说A组合的效用大于B组合;若消费者对A组合与B组合的偏好程度相同,则可以说两种物品组合的效用水平是无差异的。

序数效用论者提出了关于偏好的3个基本的假定:

(1)偏好的完全性

消费者总是可以比较和排列所给出的不同物品的组合。对于任何两个物品的组合A和B,消费者只能做出3种判断中的一种:对A物品的偏好大于对B物品的偏好,对A物品的偏好小于对B物品的偏好,对A物品的偏好和对B物品的偏好相同。

(2)偏好的可传递性

消费者对不同物品的偏好是有序的、连贯一致的。对于任何3种物品组合A、B和C,若消费者对物品A的偏好大于B,对B的偏好大于C,那么,在A、C这两个组合中,消费者必定对物品A的偏好大于C。

(3)偏好的非饱和性

对于消费者来说,所有物品都是"好"的,不管哪一种物品,消费者都会认为物品数量总是多一些好,且越多越好。

2. 无差异曲线的概念

无差异曲线是用来表示消费者偏好相同的两种物品的所有组合,或者说它是表示能够给消费者带来相同的效用水平或满足程度的两种物品的所有组合。

无差异曲线上任何一点所表示的物品组合虽然都各不相同,但它们在消费者偏好既定条件下给消费者所带来的效用,即满足的程度都是相同的。

3. 无差异曲线的特征

(1)无差异曲线是一条向右下方倾斜的曲线,其斜率为负值,它表明在收入与价格既定的条件下,为了获得同样的满足程度,增加一种物品就必须放弃另一种物品,两种物品在消费者偏好不变的条件下,不能同时减少。

(2)在同一平面图上有无数条无差异曲线,同一条无差异曲线代表不同的物品组合给消费者带来相同的效用,不同的无差异曲线代表不同的物品组合给消费者带来不同的效用。离原点越远的无差异曲线所代表的效用水平越高,离原点越近的无差异曲线所代表的效用水平越低。

(3)在同一平面图上,任意两条无差异曲线不能相交。在消费者偏好既定的条件下,同一种消费组合只能给消费者带来同一种效用水平,否则与第二个特点相矛盾。

(4)无差异曲线是一条凸向原点的线。无差异曲线是以凸向原点的形状向右下方倾斜的，即无差异曲线斜率的绝对值是递减的。

为什么无差异曲线具有凸向原点的特点呢？这取决于商品的边际替代率递减规律。关于这一点，在下面讨论。

(三) 边际替代率

1. 边际替代率的含义

无差异曲线表明，物品的不同组合可以产生相同的效用水平，这就意味着在保持消费者效用水平不变的条件下，可以用一种物品代替另一种物品，减少一种物品的消费而增加另一种物品的消费。而物品的边际替代率就是指消费者在维持效用水平不变的前提下，增加一单位某种物品的消费时，而需放弃另一种物品的消费数量。边际替代率的值是减少一种物品消费量与增加的另一种物品消费量之比。以 Δx 与 Δy 分别表示商品 x 和 y 的变化量，MRS_{xy} 表示物品 x 对物品 y 的边际替代率，则：

$$MRS_{xy} = -\frac{\Delta y}{\Delta x}$$

因为物品 x 和物品 y 的变动方向相反，Δx 和 Δy 的比值为负，为了使 MRS_{xy} 的计算结果为正值，在公式中加了一个负号。

当商品数量的变化趋于无穷小时，则商品的边际替代率公式为：

$$MRS_{xy} = \lim_{\Delta \to 0} -\frac{\Delta y}{\Delta x} = -\frac{dy}{dx}$$

显然，无差异曲线上任何一点的边际替代率等于无差异曲线在该点斜率的绝对值。

2. 边际技术替代率递减规律

商品的边际技术替代率递减规律是指在维持效用水平不变的前提下，随着一种商品的消费数量的连续增加，消费者为得到每一单位的这种商品所需要放弃的另一种商品的消费数量是递减的。

3. 无差异曲线的特殊形状

在一般情况下，无差异曲线的形状是向右下方倾斜，且凸向原点的。无差异曲线向右下方倾斜的原因是边际替代率是负值，凸向原点是因为边际替代率递减，无差异曲线向原点凸出的弯曲程度取决于两种物品替代性的大小。下面从物品替代性大小来考虑两种极端的情况。

(1) 完全替代的情况

完全替代指消费者愿意以固定比例用一种物品替代另一种物品。在完全替代情况下，消费者对物品相对价格的变动非常敏感，一般会购买价格较低的那种物品。

因此，在完全替代的情况下，两物品之间的边际替代率 MRS，就是一个常数。相应的无差异曲线是一条斜率不变的直线。例如，在某消费者看来，一杯牛奶和一杯咖啡之间是无差异的，两者总是可以1∶1的比例相互替代。

(2) 完全互补的情况

完全互补是指消费者偏好以固定比例消费两种物品，因为在这种情况下，无论价格是多少，消费者都必须按固定比例购买两种物品。

(四) 预算线

消费者在购买商品的时候，必然会受到自己的收入水平和市场上商品价格的限制。在不考虑借贷的条件下，消费者不能无限制地选择其偏好的商品。反映消费者收入约束的概念就是预算约束。

1. 预算线的含义

预算线又称消费可能线、预算约束线和等支出线，是表示消费者在收入和商品价格既定的条件下，消费者的全部收入所能够买到的两种商品的不同数量的各种组合。

预算线是消费者消费行为的限制条件。这种限制就是消费者的消费支出不能大于也不能小于收入：大于收入的消费组合是在收入既定条件下所无法实现的；小于收入的消费组合则无法实现效用最大化。

2. 预算线的变动

要确定一条预算线必须有两个前提条件：其一是消费者的收入既定；其二是两种物品的价格既定。两个前提中的任何一个发生变化时，都会引起预算线的变动。预算线的变动大致可以归纳为以下4种情况：

(1) 两种物品的价格不变，消费者收入发生变化，相应的预算线会平行移动。

(2) 消费者收入不变，两种物品的价格同比例、同方向变动，预算线平行移动。若两种物品价格同比例下降，则预算线向右上方平行移动，其原因和价格不变而消费者收入提高是一样的；反之，若两种物品的价格同比例提高，则预算线向左下方平行移动。

(3) 消费者收入不变，一种物品的价格不变、另外一种物品价格发生变化时，则预算线的斜率与在横轴和纵轴上的截距会发生变化。

(4) 消费者收入和两种物品的价格都发生了不同方向或不同比例的变化时，则预算线的斜率和在两轴上的截距都会发生变化。

预算线仅仅表示在两种物品的价格和预算金额给定条件下购买这两种物品的各种可能的数量组合。为了找出消费者达到均衡所需的条件，必须对预算线与消费者的无差异曲线同时加以考虑。

三、效用论的应用

(一) 收入效应和替代效应

如果消费者的偏好不变，消费者的收入水平不变，但物品的价格发生变化(增加或减少)，这对消费者的选择行为会产生什么影响？

消费者收入保持不变时，一种物品价格的变动会对消费者产生两种影响：一是使消费者的实际收入水平发生变化；二是使物品的相对价格发生变化。这两种变化都会改变消费者对该种物品的需求量。

1. 收入效应

物品的价格变动引起实际收入水平发生变动，进而引起消费者对该种物品的需求量发生变动，这种变动称为收入效应。若物品价格下降，则消费者实际收入提高，从而使消费者对商品的需求量增加，这时消费者收入效应为正；反之，消费者对物品的需求量减少了，则收入效应为负。

2. 替代效应

物品价格的变动会引起物品的相对价格变动，进而引起消费者对该种物品的需求量发生变化，这种变动称为替代效应。如物品相对价格变动后，消费者对该种物品的需求量增加了，则替代效应为正；若减少了，则替代效应为负。替代效应不改变消费者的效用水平，可以通过无差异曲线上的一次移动来表明。

3. 总效应

物品价格的变动带来的需求量的变动，称为总效应。总效应等于收入效应与替代效应之和。

(二) 不同物品的替代效应和收入效应

1. 正常物品的替代效应和收入效应

(1) 替代效应

什么是预算补偿线？物品的价格发生变化而引起消费者的实际收入水平发生变化时，补偿预算线是用来表示以假设的货币收入的增减来维持消费者的实际收入不变的一种分析工具。具体地说，在物品价格下降引起消费者的实际收入水平提高时，假设可以取走消费者的一部分货币收入，以使消费者的实际收入水平维持原有的水平，则补偿预算线在此就可以用来表示使消费者的货币收入下降到只能维持原有的无差异曲线的效用水平（原有的实际收入水平）这一情况。相反，在物品价格上升引起消费者的实际收入水平下降时，假设可以对消费者的损失给予一定的货币收入补偿，以使消费者的实际收入维持原有的水平，则补偿预算在此就可以用来表示使消费者的货币收入提高到得以维持原有的无差异曲线的效用水平（原有的实际收入水平）这一情况。

(2) 收入效应

对正常物品来说，替代效应和收入效应都与价格呈反方向变动，在它们的共同作用下，总效应必定与价格呈反方向变动，正因为如此，正常物品的需求曲线是向右下方倾斜的。

2. 低档物品的替代效应和收入效应

在分析低档物品的替代效应和收入效应之前，先来了解正常物品和低档物品的区别，以及由此带来的这两类物品的各自收入效应的特点。

物品可以分为正常物品和低档物品两大类。二者的区别在于：正常物品的需求量与消费者的收入水平呈同方向的变动，即正常物品的需求量随着消费者收入水平的提高而增加，随着消费者收入水平的下降而减少；低档物品的需求量与消费者收入水平呈反方向的变动，即低档物品的需求量随着消费者收入水平的提高而减少，随着消费者收入水平的下降而增加。

可以推知，当某正常物品的价格下降（或上升）导致消费者实际收入水平提高（或下降）时，消费者会增加（或减少）对该正常物品的需求量。因为正常物品和低档物品都不对它们各自的替代效应产生影响，所以对于所有的物品来说，替代效应与价格都是呈反方向变动的。

但是，在少数场合，某些低档物品的收入效应的作用会大于替代效应的作用，于是，就会出现违反需求曲线向右下方倾斜的现象，这类产品就是吉芬物品，它是以经济学家吉芬的名字命名的一种特殊商品，随着价格的上升，市场对它的需求量增加。其需求曲线向右上方倾斜。对于这种违反需求规律的商品，经济学家用收入效应和替代效应来加以解释。吉芬物品是一种特殊的低档物品。作为低档物品，吉芬物品的替代效应与价格呈反方向变动，收入效应则与价格呈同方向的变动。吉芬物品的特殊性就在于：它的收入效应作用很大，以至于超过了替代效应的作用，从而使总效应与价格呈同方向变动。这也就是吉芬物品的需求曲线呈现向右上方倾斜的特殊情况的原因。

综上所述，对于低档物品来说，替代效应与价格变动呈反方向变动，收入效应与价格呈同方向变动，而且，在大多数情况下，收入效应的作用小于替代效应的作用，所以，总效应与价格呈反方向的变动，相应的需求曲线是向右下方倾斜的。

第二节 生产者行为理论

一、生产理论

(一) 生产理论中的基本范畴

1. 生产函数

生产者又叫厂商，是从事商品生产和服务的单个经济主体。生产者从事的生产活动就是将一定的投入转化为产出的过程。这里的投入指的是生产要素，生产活动离不开生产要素，通常的生产要素包括劳动、资本、土地和企业家才能。劳动指人类在生产过程中提供的体力和智力的总和。土地不仅指土地本身，还包括地上和地下的一切自然资源，如森林、江河湖泊、海洋和矿藏等。资本可以表现为实物形态或货币形态。资本的实物形态又称为资本品或投资品，如厂房、机器设备、动力燃料、原材料等。资本的货币形态通常称为货币资本。企业家才能指企业家组织建立和经营管理企业的才能。产出就是生产活动的成果，即通过生产活动得到的实物产品或劳务。一定数量的投入对应着一定数量的产出，那么如何描述投入和产出之间的关系呢？经济学采用生产函数来描述这种关系。假如产出数量为 Q，投入的生产要素数量分别是：资本为 K、劳动为 L、土地为 N、企业家才能为 E，则生产函数可表示为：

$$Q=F(K, L, N, E)$$

生产理论的分析是从生产函数入手的。在生产理论中，没有考虑产品的价格，而把生产要素的价格也当成常数。所以，生产理论实际上就是从实物形态上研究投入、产出关系，要解决的问题是生产者的技术效率问题，即在投入一定的条件下，怎样使生产出的产品数量最多。很显然，在生产过程中，一定量的投入，如果采用的生产方式不同，则技术效率不同，从而产出数量是不一样的。在经济学分析中，一般假设生产者追求利润最大化，在不考虑价格因素的情况下，利润最大化也就表现为既定投入下的产量最大化。因此，生产函数实际上是描述一定量的投入和最大数量产出之间的关系。

在理论分析中，为了简化起见，通常只考虑两种生产要素，即资本和劳动。因此，生产函数表现为：

$$Q=F(K, L)$$

2. 短期和长期

经济学中的短期和长期不是一个时间概念，而是以生产要素是否全部可以调整作为区分的标准。即如果在某个时期内，至少有一个生产要素的投入数量是固定不变的，则即使这一时期很长也是"短期"。比如，大型冶金企业固定投入很大，其生产规模一般几年都保持不变，那么，对这样的企业，长达几年也是"短期"。如果在某个时期内，所有的生产要素都是可以调整的，则即使这一时期很短也是"长期"。比如，小型手工作坊投入很小，其生产规模的调整可以根据需要在几天内完成，那么，对这样的企业，几天的时间也是长期。

对应短期和长期的概念，分别有短期生产函数和长期生产函数。我们对生产理论的分析就是按照先短期后长期的逻辑顺序来进行的，先分析短期生产函数，再分析长期生产函数。

（二）短期生产理论

1. 总产量、平均产量和边际产量的概念

在只考虑两种要素的情况下，短期生产表现为一种要素固定，另一种要素可变。如果以资本作为固定要素，劳动作为可变要素，则短期生产函数可表示为：

$$Q=F(L)$$

从短期生产函数出发，可引出3个重要的有关产量的概念：总产量、平均产量和边际产量。

总产量（TP）是指生产者在一定时期内生产的产品总量。在资本投入量固定的情况下，它直接表现为可变生产要素劳动投入量的函数，即：$TP=F(L)$。

平均产量（AP）是指平均每单位可变要素投入所生产的产量。其公式为：$AP=TP/L$。

边际产量（MP）是指每增加一个单位的可变要素的投入所带来的产品的增加量。其公式为：$MP=\Delta TP/\Delta L$，其中，ΔTP 和 ΔL 分别表示总产量的增加量和可变要素劳动的增加量。

2. 短期生产中的一般规律：边际收益递减原理

边际产量的这种变动规律，实际上是生产者行为理论的理论基础——边际收益递减原理的具体体现。边际收益递减原理是指在技术水平不变和其他投入不变的情况下，连续增加投入某种可变要素，起初随着该要素投入量的增加，每增加一单位该要素的投入所带来的产出的增加量是逐步增加的（边际产量递增）；当投入量达到一定数量后，继续投入该要素，则每增加一单位该要素的投入所带来的产出的增加量开始逐步递减（边际产量递减）。

边际收益递减原理是从生产实践当中提炼总结出来的一种经验性假设，在生产活动中有着普遍的适用性。比如，在农业生产中，种子作为投入要素，在土地和其他要素以及技术水平不变的条件下,一开始增加种子投入量会使产量增加,但当种子增加到一定数量后,继续增加种子投入量,这时产量不仅不会增加,反而会减少。

引起边际收益递减的原因是:在任何的生产活动中,投入的生产要素之间有着互补性,即要素与要素之间有一个最佳的投入比例,在其他要素固定时,当某种可变要素的投入量较小而没有达到最佳投入比例时,随着该可变要素投入的增加,可变要素与固定要素之间的比例越来越接近最佳投入比例,从而使生产效率越来越高,因此可变要素的边际产量逐步递增;当可变要素投入量达到可变要素与固定要素之间的最佳比例时,生产效率最高,从而使边际产量达到最大;此时,如果继续增加可变要素的投入,则使得可变要素与固定要素之间的投入比例越来越偏离最佳投入比例,从而使生产效率越来越低,因此可变要素的边际产量逐步降低。

边际收益递减原理是进行生产者行为分析的基础和出发点,它决定了边际产量的变动规律,进而决定了总产量和平均产量的变动规律。

(三) 长期生产理论

1. 等产量线

长期生产理论需要借助等产量线及等成本线(后面介绍)的分析工具。等产量线是指在技术水平不变的条件下,生产同一产量的两种生产要素投入量的各种不同数量的组合点的轨迹。

等产量线作为长期生产理论的分析工具,具有以下特点:

(1) 向右下方倾斜

这一特点表明,在维持原有产量不变的条件下,增加一种要素的投入,同时必须减少另一种要素的投入。

(2) 密集分

即在坐标平面上的等产量线不是一条而是无数条,不同的等产量线代表不同的产量水平,而且离原点越近代表的产量水平越低,离原点越远代表的产量水平越高。

(3) 任意两条等产量线不相交

因为不同的等产量线代表不同的产量水平,如果两条等产量线相交,则交点处的要素组合所生产的产量既可以由第一条等产量线表示,也可以由第二条等产量线表示,而两条等产量线所代表的产量水平是不同的。

(4) 凸向原点

等产量线向右下方倾斜表明了资本和劳动之间的交替关系,在保持产量不变的条件下,增加劳动同时需要减少资本,这表现为劳动对资本的替代。等产量线凸向原点表明,维持原有产量不变时,随着劳动使用量的增加,劳动对资本的替代能力是逐步下降的；反之亦然。

2. 边际技术替代率递减原理

在维持原有产量水平不变的条件下，增加一单位的某种要素投入量时所减少的另一种要素的投入量，称为边际技术替代率。劳动对资本的边际技术替代率公式可表述为：

$$MRTS_{LK} = \Delta K / \Delta L$$

式中，ΔK 和 ΔL 分别代表资本和劳动投入量的变化量，即边际技术替代率表现为两要素投入量的变化量之比。显然，资本和劳动的变化方向应该是相反的，因此边际技术替代率的数值应该是负值，但为了分析方便起见，一般都取其绝对值。

边际技术替代率数量上还可以表示为两要素的边际产量之比。这是因为，边际技术替代率的概念是建立在等产量线的基础上的，所以对于任意一条给定的等产量线来说，当用劳动投入去替代资本投入时，在维持产量水平不变的前提下，由增加劳动投入量所带来的产量的增加量和由减少资本投入量所带来的产量的减少量必定是相等的，因此：

$$|\Delta L \cdot MP_L| = |\Delta K \cdot MP_K|$$

整理得：

$$\Delta K / \Delta L = MP_L / MP_K$$

即：

$$MRTS_{LK} = \Delta K / \Delta L = MP_L / MP_K$$

边际技术替代率是递减的，即随着劳动投入量的增加和资本投入量的相应减少，劳动对资本的替代能力是逐步下降的。形成边际技术替代率递减的原因，实际上还是前面提到的边际收益递减原理：根据边际收益递减原理，随着劳动投入量的增加，其边际产量下降，相应地，随着资本投入量的减少，其边际产量递增。所以，随着劳动对资本的替代，作为逐渐下降的劳动的边际产量与逐渐上升的资本的边际产量之比的边际技术替代率必然是递减的。边际技术替代率递减的现象通常也称为边际技术替代率递减原理。这一原理通过等产量线凸向原点的特点体现出来。

3. 等成本线

等成本线是分析长期生产理论的另一个分析工具。它是指在生产要素价格和投入总额一定的条件下，生产者可以购买到的两种生产要素的各种不同数量的组合的轨迹。

4. 最优要素组合

把等产量线和等成本线放在同一个坐标平面上，就可以确定两种要素的最优组合，在这一组合下，生产者实现了既定成本下的产量最大化或既定产量下的成本最小化。

等产量线和既定等成本线相切时必定满足：等产量线的斜率与等成本线的斜率相同。由前面的分析可知，等产量线的斜率的绝对值可由边际技术替代率表示，等成本线的斜率的绝对值等于两要素的价格比。因此在 E 点处一定满足以下条件：

$$MRTS_{LK} = \omega / r$$

即

$$\Delta K / \Delta L = \omega / r$$

或

$$MP_L / MP_K = \omega / r$$

当然，确定最优要素组合还有另外一种方法，即在既定产量条件下，当所用成本最小时的要素投入量组合就是最优要素投入组合。

5. 扩展线

在其他条件不变的情况下，当产量或成本发生变化时，生产者会重新选择最优要素投入组合，在变化了的产量条件下实现最小成本，或在变化了的成本条件下实现最大产量。扩展线就是研究这方面的问题。

在生产要素价格、技术水平和其他条件不变时，如果生产者改变成本，等成本线就会发生平移；如果生产者改变产量，等产量线也会发生平移。这些不同的等成本线与不同的等产量线相切，形成一系列不同的生产均衡点，这些均衡点的轨迹就是扩展线。

6. 规模报酬

生产者沿着扩展线改变最优生产要素组合，实际上就是对生产规模的调整。当调整生产规模时就涉及规模报酬问题，规模报酬的变化可以分为规模报酬递增、规模报酬不变和规模报酬递减3种情况。

规模报酬递增是指产量增加的比例大于生产要素增加的比例。例如，当全部生产要素劳动和资本都增加100%，产量的增加却大于100%，这就是规模报酬递增。引起规模报酬递增的原因是规模经济，即由于企业规模扩大所带来的生产效率的提高。它主要表现在：随着企业规模的扩大，先进的技术和机器设备等生产要素的使用会更普遍；另外，规模扩大意味着分工更细，而分工能提高生产效率。

规模报酬不变是指产量增加的比例等于生产要素增加的比例。例如，当劳动和资本同时增加100%，产量也增加100%，这就是规模报酬不变。

规模报酬递减是指产量增加的比例低于生产要素增加的比例。例如，当劳动和资本同时增加100%时,产量的增加却少于100%,这就是规模报酬递减。引起规模报酬递减的原因是规模不经济,即由于企业规模扩大所带来的生产效率的下降。它主要表现在:当企业规模过大时,会导致管理成本上升、浪费严重等现象发生,从而使生产效率下降。

一般地,在长期生产过程中,企业规模报酬的变化呈现以下规律:当一开始企业规模较小时,随着规模的扩大会产生规模报酬递增;当规模达到一定程度后,在一定限度内,随着规模扩大会出现一段规模报酬不变阶段,这一阶段被称为企业的适度规模;当超过了适度规模后,如果继续扩大规模,就会出现规模报酬递减。企业规模报酬的这种变化规律通常称为规模报酬递减原理。

规模报酬递减原理说明,企业的规模不是越大越好,也不是越小越好,而是有一个适度的规模。因此,在长期生产中,生产者在调整生产规模时,应当把生产规模控制在适度的范围内。

二、成本理论

(一) 成本理论中的基本范畴

1. 成本

成本是指生产过程中所使用的生产要素的价格总额。根据定义,在只考虑两种投入要素的情况下,如果以 C 代表成本即投入总额,w 代表劳动的价格,r 代表资本的价格,L 和 K 分别代表劳动和资本的投入数量,则成本的计算公式可表示为:

$$C = w \cdot L + r \cdot K$$

2. 机会成本

机会成本是经济学的一个重要概念,是经济学的一种重要的思考问题的方式,机会成本原理是经济学的十大原理之一。那么,什么是机会成本呢?经济学是研究稀缺资源如何配置和利用的。一种经济资源往往有多种用途,当一种经济资源被用于某种用途时就不能被用于其他用途。这就是说,当经济社会用某种资源生产某种产品而获得一定数量的收入时,实际上是以放弃用同样的经济资源来生产其他产品时所能获得的收入作为代价的,由此,便产生了机会成本的概念。比如,某生产者拥有一笔100万元的资金,可以用于投资办厂、借贷和储蓄3种用途,假如在一年期内,投资办厂的收益为10万元,借贷的收益为8万元,储蓄的收益为5万,该生产者最终选择了投资办厂,则用这100万元资金投资办厂的机会成本就是8万元。一般地,生产一单位的某产品的机会成本是指生产者所放弃的使用相同数量生产要素在其他用途中所能得到的最高收益。在经济学分析中,成本的概念需要从机会成本的角度去理解。

3. 显成本和隐成本

生产成本可以分为显成本和隐成本。

所谓显成本，是指生产者在生产要素市场上购买或租用他人所拥有的生产要素的实际支出。比如，某生产者为了从事生产活动，雇用了一定数量的工人，从银行取得了一定数量的贷款，并租用了一定数量的土地，为此，该生产者就需要向工人支付工资，向银行支付利息，向土地所有者支付地租，这些支出便是该生产者的显成本。

所谓隐成本，是指生产者因使用自己所拥有的生产要素而向自己支付的自有生产要素的报酬。比如，为了进行生产，某生产者除了雇用工人、从银行贷款以及租用土地之外，还使用了自有资金和自有土地，并且亲自管理企业。西方经济学家认为，既然借用他人资金需付利息，租用他人土地需付地租，聘请他人管理企业需付工资，那么，生产者使用自己所拥有的生产要素时，也应得到报酬。有所不同的是，现在生产者是自己向自己支付生产要素的报酬。所以，向自己支付自有生产要素的报酬和向他人支付他人拥有的生产要素的报酬一样，都应计入成本之中。只不过这种支付不像显成本那样明显，因此被称为隐成本。隐成本需要从机会成本的角度去理解，因为，生产者必然按照自有生产要素在其他用途中所能得到的最高收益来向自己支付报酬，否则，生产者会把自有生产要素转移出去，以便获得更高的报酬。

4. 成本函数

成本理论主要是研究成本随产量的变化而变化的规律，进而从价值形态方面来研究投入、产出关系，进行成本—收益分析，探讨生产者实现利润最大化的条件。其主要考察的是生产者的经济效率。

成本理论的分析主要是围绕成本函数来进行的。所谓成本函数是表明成本和产量之间关系的函数，它描述了成本随产量的变化而变化的规律。如果用 C 表示成本，Q 表示产量，则成本函数可表示为：

$$C=f(Q)$$

和生产函数一样，成本函数也有短期成本函数和长期成本函数之分。下面对成本理论的分析就是从成本函数入手，按照先短期后长期的顺序进行的。

(二) 短期成本理论

1. 短期总成本、固定成本、可变成本

短期总成本（STC）是指生产一定数量产品所需要的成本总额。它随着产量的增加而上升。在数量上短期总成本等于固定成本加上可变成本。

固定成本（FC）是指在短期内固定不变的成本。它不随产量的变化而变化，即使产量为零也必须支付的成本。如企业的固定设备、厂房等形成的成本就是固定成本。

可变成本（VC）是指随着产量的变化而变化的成本。它包括原材料、工人工资以及燃料等的支出。

三者的关系可以表示为：

$$STC=FC+VC$$

2. 平均成本、平均固定成本、平均可变成本

平均成本（AC）是单位产量所形成的成本。它等于短期总成本除以总产量。其公式为：

$$AC=STC/Q$$

平均固定成本（AFC）是指每单位产量所需要的固定成本。它等于固定成本除以总产量。其公式为：

$$AFC=FC/Q$$

平均可变成本（AVC）是指每单位产量所需要的可变成本。它等于可变成本除以总产量。其公式为：

$$AVC=VC/Q$$

平均成本和平均可变成本都呈现先下降后上升的变动规律，平均固定成本则呈现递减的变动规律。这些平均成本的变动规律可以通过平均成本和总成本之间的关系而得到说明。以总平均成本为例，总平均成本等于总成本除以相应的总产量，因此，连接总成本（STC）曲线上一点和原点的线段，其斜率等于该点所对应的总成本除以该点所对应的总产量，根据这种关系，可以从总成本曲线中推导出平均成本曲线。同样，平均固定成本曲线和平均可变成本曲线也分别可以从固定成本曲线和可变成本曲线中推导出来。所以，知道了总成本、固定成本和可变成本的变动规律，就可以推知平均成本、平均固定成本和平均可变成本的变动规律。

3. 边际成本

（1）边际成本的概念及变动规律

边际成本（MC）是指增加一单位产量所带来的成本的增加量。其表达式为：

$$MC=\Delta STC/\Delta Q$$

其中，ΔQ 和 ΔSTC 分别表示产量的增加量和短期总成本的增加量。

随着产量的增加，固定成本是不变的，因此增加一单位产量所带来的总成本的增加量也就等于可变成本的增加量。所以边际成本的表达式还可表示为：

$$MC=\Delta VC/\Delta Q$$

其中，ΔVC 表示可变成本的增加量。

边际成本曲线呈现先下降后上升的变动规律。边际成本的这种变动规律实际上是由边际收益递减原理决定的。在生产理论中我们曾用边际产量曲线的变动规律来表示边际收益递减原理，在成本理论中，我们还可以用边际成本曲线的变动规律来表示边际收益递减原理，即边际成本曲线的变动规律和边际产量曲线的变动规律都是由边际收益递减原理决定的。具体来说，由于要素与要素之间有着最佳投入比例，一开始可变要素投入量偏小，而随着可变要素投入量的增加，要素之间的投入比例越来越接近最佳比例，从而使生产效率越来越高，为了表示生产效率逐步提高，既可以用边际产量递增来说明，又可以用边际成本递减来说明，即边际成本曲线的递减段对应边际产量曲线的递增段；当可变要素投入量超过最佳投入比例而继续增加投入，则生产效率逐步下降，为了表示生产效率下降，既可以用边际产量递减来说明，又可以用边际成本递增来说明，即边际成本曲线的递增段对应边际产量曲线的递减段。

（2）边际成本与短期总成本和可变成本的关系

边际收益递减原理决定了边际成本曲线的变动规律，而根据边际成本和总成本以及可变成本之间的关系，边际成本实际上是过总成本曲线或可变成本曲线上的点的切线的斜率。

（3）边际成本与平均成本和平均可变成本的关系

边际成本曲线与平均成本曲线和平均可变成本曲线分别相交于平均成本曲线和平均可变成本曲线的最低点。这一点可以结合短期生产理论中边际产量与平均产量之间的关系来理解。即当边际成本比平均成本小时，它会把平均成本逐步拉低；相反，当边际成本比平均成本高时，它会把平均成本逐步拉高，从而边际成本曲线与平均成本曲线相交处必然在平均成本曲线的最低点。

（三）长期成本理论

在长期中，生产者可以根据产量的要求调整全部的生产要素投入量，甚至进入或退出一个行业。在长期内，生产者所有的成本都是可变的，没有固定和可变之分。和短期成本一样，生产者的长期成本也可以分为3种：长期总成本、长期平均成本和长期边际成本。

1. 长期总成本（LTC）

长期总成本是指在长期中，生产者生产每一种产量的最低短期总成本。它实际上描述了在长期中每一种产量和在这一产量下的最低成本之间的函数关系。由于在长期中，生产者可以调整生产规模，从理论上说，生产某一产量时，生产者可以采用无数种生产规模来生产，既可以用较大成本的规模来生产，又可以用较小成本的规模来生产。但生产者为了追求利润最大化，一定会选择代表最小成本的最优生产规模来生产。即在每一产量水平上，生产者都会选择最小成本的生产规模，这样就得到了各种产量和对应产量下的最小成本之间的关系，这就是长期总成本。

2. 长期平均成本（LAC）

长期平均成本是指在长期中，每一产量和在该产量下代表最优生产规模的较小短期平均成本之间的关系。长期平均成本曲线可以通过长期总成本曲线推导出来。长期平均成本和长期总成本之间存在如下关系：

$$LAC=LTC/Q$$

因此，过长期总成本曲线 LTC 上一点，连接该点和原点的线段的斜率正好等于在该点处产量水平上的长期平均成本。

长期平均成本呈现先下降而后再上升的变动规律。这一点与短期平均成本一样，但是长期平均成本变动规律与短期平均成本变动规律的形成原因是不同的。短期平均成本的变动规律是由边际收益递减原理决定的，而长期平均成本的变动规律是由规模报酬递减原理决定的。

3. 长期边际成本（LMC）

长期边际成本是指在长期中每增加一单位产量所增加的成本。其公式为：

$$LMC=\Delta LTC/\Delta Q$$

同样，由长期总成本曲线可以推导出长期边际成本曲线。过长期总成本曲线上一点的切线，其斜率正好等于在该点处产量水平上的长期边际成本。

长期边际成本曲线与长期平均成本曲线相交于长期平均成本曲线的最低点。当长期边际成本比长期平均成本小时，会把长期平均成本拉低；当长期边际成本比长期平均成本大时，会把长期平均成本拉高。所以，长期边际成本一定相交于长期平均成本的最低点。

（四）成本收益分析

1. 收益

生产者的收益涉及总收益、平均收益和边际收益3个概念。

总收益（TR）是指厂商出售一定数量产品所得到的全部收入。如果以 P 表示产品价格，Q 表示产品数量，则总收益可表示为：

$$TR=P \times Q$$

平均收益（AR）是指出售每一单位产品所得到的收入。其公式为：

$$AR=TR/Q=P$$

边际收益（MR）是指每增加一单位产品所得到的收益的增加量。其公式为：
$$MR=\Delta TR/\Delta Q$$

2. 利润

利润区分为经济利润、正常利润和会计利润。

经济利润是指总收益与总成本之间的差额。经济学上讲的利润通常是指经济利润。

正常利润实际上属于成本的范畴，它是指厂商向自己支付的参与生产活动的自有生产要素的报酬，即隐成本。正常利润属于成本，因此当生产者的经济利润等于零时，实际上他得到了正常利润。

会计利润是指总收益除去显成本之后的剩余部分。它一般包括正常利润和经济利润。

3. 利润最大化原则

经济学假定生产者追求利润最大化，这里的利润显然是指经济利润。为了实现利润最大化，生产者在决定供给多少产量时，总会比较生产一单位产品所得到的收益和生产该单位产品所付出的成本，即比较边际收益（MR）和边际成本（MC）。

那么，在什么条件下生产者能实现利润最大化呢？生产者生产的最后一单位产品所带来的收益等于为生产该单位产品而支付的成本的时候，即边际收益等于边际成本的时候，实现利润最大化。具体分析如下：

如果边际收益大于边际成本，意味着厂商此时每多生产一单位产品所增加的收益大于生产该单位产品所增加的成本。此时，对于该生产者来说，增加产量就能增加利润，说明此时生产者没有实现利润最大化。

当边际收益小于边际成本时，利润减少。如果边际收益小于边际成本，意味着厂商每多生产一单位产品所增加的收益小于为生产该单位产品所增加的成本，即总利润在减少。此时，对于该生产者来说，生产该单位产品是亏损的，减少产量就能减少亏损，说明此时生产者没有实现利润最大化。

无论是边际收益大于边际成本还是小于边际成本，厂商都要调整其产量，说明在这两种情况下厂商都没有实现利润最大化。因此，只有当边际收益等于边际成本时，厂商才实现了利润最大化。即厂商实现利润最大化的原则为：
$$MR=MC$$

从经济学角度看，利润最大化原则是生产者进行经济决策的基本原则，生产者要根据这一原则来确定自己的产量。

第三章　市场理论

第一节　资源配置与资源配置方式

一、资源配置

所谓经济，顾名思义，就是节约。因为资源是稀缺的，所以社会必须有效地加以利用。经济学就是要研究一个社会如何利用稀缺的资源以生产有价值的物品和劳务，并将它们在不同的人中间进行分配。

没有稀缺，也就没有经济学。经济学是研究节约的。

试想：在一个不存在稀缺的社会里，人们可以无限量地生产各种物品，可以满足人类的无限欲望，人们拥有自己想要拥有的一切物品，不必担心花光自己有限的收入，企业则不必为工资的上涨与成本犯愁，政府则不必为税收、支出和环境污染问题左右为难，因为这都不是问题。既然我们所有的人都得到了自己想要的东西，那么收入公平自然不在话下。

在这样的伊甸园里，所有的物品都是免费物品，如同沙漠里的沙子和海里的海水，取之不尽，用之不竭，价格为零。如此一来，市场的存在可有可无，经济学就没有"用武之地"。

然而，事实上，任何社会都不可能拥有无限的资源，生产无限的物品，满足人们的任何需要，现实的世界就是"稀缺世界"。稀缺（scarcity）是指相对于人们的需要，物品总是有限的。稀缺是经济物品的显著特征之一。经济物品的稀缺并不意味着它是稀少的，而是指它不可以免费得到。要得到这样一种物品，必须自己生产或用其他经济品来加以交换。在现实世界中，稀缺是一种常态。比如：学生既要上学，又想娱乐，时间不够；住豪宅、开豪车，钱不够；住者有其屋，福利又好又多，按需分配，但现实是我们的资源不够。保罗·萨缪尔森等人指出：实事求是的观察家都不会否认，尽管经历了两个世纪的经济增长，美国的生产能力还是不能完全满足每个人的欲望。如果将所有的需要加总起来的话，你立刻就会发现，现有的物品和劳务根本就无法满足每个人的消费欲望的很小的一部分！我们的国民产出须得扩大很多很多倍，才有可能使普通人都能达到医生或联赛棒球手那样高的生活水准，更

第三章 市场理论

何况在有的国家和地区，成千上万的人甚至还处于饥寒交迫之中。

人的欲望是无限的，资源是有限的，有限的资源不可能满足人们无限的欲望。可持续发展理论认为，地球的有限资源不足以承载日益增长的人口。因此，从微观方面，人们提出，更重要的可能是节制人们的欲望。

既然资源是稀缺的，那么就有这样一个问题：如何使用好这些稀缺的资源来更好地满足人们的愿望与需要？这就是资源配置问题。经济学的精髓就在于承认稀缺性是现实存在的，并研究一个社会如何进行组织才能有效地利用其资源。

根据经济学的研究，资源配置主要解决3个问题：生产什么？如何生产？为谁生产？

生产什么？一个社会必须决定，在诸多的可能的物品与劳务之中，每一种应该生产多少以及何时生产。今天我们应当生产比萨饼还是衬衫？生产少量优质衬衫还是大批普通衬衫？我们应当利用有限的资源生产更多的消费品，还是应当生产较少的消费品和较多的投资品（如生产制作比萨的机器），从而让明天有更多的消费品？

生产可能性边界（Production-Possibility Frontier，PPF），表示在技术和可投入品数量既定的条件下，一个经济体所能得到的最大产量。PPF代表可供社会利用的物品和劳务的不同组合。

当产出处于生产可能性曲线上时，说明资源配置是有效的；当处于曲线内时，说明资源没有得到充分利用。但资源充分利用只说明效率问题，并不说明资源利用合理与否。资源利用效率是技术问题，而利用合理问题是伦理问题。

如何生产？一个社会必须决定谁来生产，使用什么资源，采用何种技术进行生产。谁来种地？谁来教书？用石油发电，还是用煤炭发电？生产用传统能源，还是用新能源？生产是多用劳动还是多用资本？

为谁生产？谁来享用经济活动的成果？收入和财富的分配是否公平合理？社会产品如何在不同地域的居民之间进行分配呢？我们的社会是否会成为一个富人很少而穷人很多的社会？教师、运动员、汽车工人、互联网企业家，谁应得到最高的收入？社会应该给穷人最低消费，还是严格地遵循"不劳动者不得食"的原则？

上述三大问题是任何一个经济体都必须面对的问题。由于资源是有限的，这就要求经济体配置资源必须有效率。有效率的经济体是一个以最低成本生产人们所需要的产品的经济。经济体无法在不减少一种物品产量的前提下生产更多的另一种物品时，即资源配置处于生产可能性边界上的时候，我们就说该经济体是有效率的。这种状态也称之为"帕累托最优状况"。

有效率的生产位于生产可能性边界上，同时说明了经济学上一个重要的概念：替代。这意味着生产更多的一种物品必须放弃一定数量的其他物品。我们生产更多投资品(如机器设备、厂房等)时,我们用投资品代替了消费品。在充分就业的社会中,替代是一种基本的法则,生产可能性边界给人们提供了多种选择。

在现实社会中,一方面我们说资源稀缺,另一方面,我们看到每个社会都有未被利用的资源。失业的工人、闲置的生产能力和荒废的土地。我们不仅为资源稀缺而烦心,还为资源未被利用而苦恼。如果资源得到充分利用,我们可以生产更多的物品,提供更多的劳务,满足人们的需要。资源利用无效率的原因很多:经济周期是其中重要的原因,罢工、政治动乱都可能引发经济的衰退。我们可以通过技术进步来改进资源的稀缺,通过宏观调控平抑经济周期。经济规律是客观的,但人们在可能的范围内,是可以发挥主观能动性的。

二、资源配置方式

解决生产什么、如何生产和为谁生产等问题,实际上就是资源如何配置的问题。人们可以借助各种不同的经济组织来配置资源。

配置资源的方式尽管有很多,但在当今世界,主要有两种方式:一种是以计划为主的配置方式,一种是以市场为主的方式。所有的经济体都既有市场经济的成分又有计划经济的成分。说计划经济为主,无非是说计划多一点;说市场经济为主,无非是说市场多一点。纯粹的计划经济与纯粹的市场经济在现实中都不存在。

计划经济亦称指令经济,其配置主体主要是各级政府。通常由政府占有生产资料、雇用劳动者,通过指令指挥企业的生产经营。生产什么与如何生产,主要由政府做出决策,并决定物品与劳务如何分配。在这种体制下,由于信息不灵,委托代理链条过长,管理成本居高不下,有计划无效率严重影响经济的发展,生产效率低下,人民群众得到的实惠较少。

在市场经济中,资源配置的主体是企业与个人。生产与消费通常由企业与个人根据市场的情况做出决策。市场经济配置资源主要通过价格、供求、盈亏等一套机制来解决资源配置所面临的问题。

"生产什么"主要取决于消费者的消费决策。企业则根据消费者的需要,选择利润最高的产品来进行生产。

在现实的市场中,企业也会通过广告等宣传手段,将产品的信息传递给消费者,创造市场需求,引领消费潮流,但成功与否,最终取决于消费者的决策。

"如何生产"取决于生产者的选择。生产者的选择面临两个约束:一是可供选择的生产技术的集合;二是生产成本。一般而言,出于竞争的需要,生产者会选择成本最低的生产技术,或采用生产成本较低的技术取代生产成本较高的技术。

"为谁生产"是联结生产与消费的环节。"为谁生产"取决于个人如何决策去花费他们的收入,更取决于生产要素市场中的收入分配:市场经济中要素的提供者,即劳动、土地、资本和企业家等生产要素的所有者所获得的收入。他们的收入取决于市场的工资率、利息、地租和利润,即要素的价格;他们的收入同时决定着他们所分配到的物品与劳务。而要素的价格调节着要素的供求,决定着资源的有效配置。

第二节 市场调节与市场机制

一、市场调节

开门七件事:柴、米、油、盐、酱、醋、茶。人们为了生存,首先要生活。除了吃、穿、住、行外,人们还要享受生活。所有这一切,都需要消耗大量的物品与劳务。人们的生产可以是单一的,但是生活需要是多样的。我们生活在市场经济时代,我们想要什么,市场就提供什么。我们想当然地认为,什么时候我们要买这些东西,就能买到。我们从没有想一下,有多少人这样那样出了力,提供这些物品与劳务?我们从不问一问自己:为什么街头小店、超市的货架上总是有我们想要的东西?为什么我们大多数人能够挣到钱来购买这些东西?

这一切的背后,有一个"市场先生"在运作。亚当·斯密认为,交易为人类所特有,人们之间需要交易,社会需要市场。原因无他,市场通过"看不见的手"将追求自身利益的物品和劳务的提供者,与物品与劳务的需求者结合起来,通过自愿合作,达成各自的目标,实现双赢。市场就是通过人们之间的自愿合作,协调着千百万人的生产活动。在市场调节下,尽管每个人只盘算着私利,但却在"看不见的手"的指引下,达成了一个与自己的"盘算"不相干的、有利于社会的目的。

二、市场机制

市场机制是在竞争性市场上供给、需求与价格之间相互制约的联系与运动,具体包括以下内容:

(一)市场

市场最初是商品交换的场所。根据马克思的研究,最初的交换是偶然的,随着生产力的提高、分工的扩大、剩余产品的增多,市场就从偶然的交易变成经常性交易。近代资本主义的发展,开始形成全国性市场,继而发展到世界市场,资源配置从地区性走向全球化。

市场在广度上扩展的同时,在深度上加强,多层次的市场体系不断完善。从商品市场(消费品市场和生产资料市场)发展到生产要素市场(资本市场、劳动力市场、技术市场和房地产市场等),市场的功能越来越强大。

(二)价格

市场中的交换是自愿的,交换主体是平等、自由与自利的。如何将为自己打算的千百万人协调起来?亚当·斯密发现,价格机制可以协调人们的行动。价格制度运行得这样好、这样有效,以至我们大多数时间里都感觉不到它的存在,以至获得了"看不见的手"这样的美誉。它的作用巨大,正是它分配着人间的供求。

根据弗里德曼的研究,价格在组织经济活动方面有3个作用:一是传递信息;二是提供激励,促使人们采用最节约成本的生产方法,把资源用在最有价值的地方;三是决定收入分配,即决定谁得到产品,得到多少。

传递信息:一是传递需求信息。假定不管什么原因,某种商品(如铅笔)的需求增加了,零售商会向批发商订购更多的这类商品,批发商就会采取同样的行动,向制造商传递这一信息,制造商就会订购更多的生产原料用于制造商品。制造商为促使供应者增加供给,就会提高价格,供应商增雇工人,并为此提供较高的工资。这样,商品需求增加的信息就像平静的水面丢进一颗石子,波纹一圈圈地扩散开来,将这一信息传向四面八方。二是只传递最重要的信息,并只传递给需要信息的人。比如制造商,他(她)无须知道商品需求增加的原因,只需要知道价格提高了,并能维持足够久,值得去满足这种需要。同时人们关注的是与自身相关的信息,而自动忽视与自己无关的信息。三是价格还调节着人们对商品的需求,当某种商品价格提高,作为最终消费品,人们就会少消费,或者干脆寻找替代品;作为投入品,人们就会尽可能地节约使用。

提供激励:价格不仅有效地传递信息,还提供激励,使人对信息做出反应。具体地说,生产者通常根据成本收益的权衡,来决定生产什么、生产多少。我们先来考虑边际收益问题,价格提高,边际收益曲线无疑会向上移动,若成本不变,则收益增加。生产者从自身利益出发,必然要增加生产,提供更多的供给。再来考虑边际成本提高的情况,要增加生产,必须增雇工人,增加原材料的购买,从而引起生产要素价格的上升。就是说,生产得越多,成本就越高。但由于产品价格提高了,生产者可以承受较高的成本。生产要素价格(无论是原材料还是劳动力)的上升,导致要素就会流向这一部门。

价格不仅决定人们生产什么、生产多少,还激励人们怎么生产,即按最有效的生产方式生产。如果一种投入要素上升了,那么生产者就会千方百计去节约这种要素或寻求替代投入品。如果两种生产工具的效率是一样的，那么成本低的工具就会被选用；如果两种工具的成本差不多，那么效率高的工具就会被选用。简单地说，最有效率、效益的生产方式被选用。

价格除了对生产者与消费者起激励作用外，还对要素的所有者起作用。木材价格的提高会导致提高伐木工人的工资，吸引更多的人从事伐木工作，以增加木材的供应。

决定收入分配：在市场经济中，人们得到的收入通常取决于他（她）所拥有的资源，以及资源的市场价格。按照经济学的观点，经济资源通常是土地、资本与劳动，在资本项下又可分为物质资本与人力资本，人力资本即人的生产能力，包括人的技能、健康与组织才能（企业家才能）等。我们每个人所拥有的每一种资源的数量，推敲起来，部分取决于偶然性，部分取决于我们的选择与别人的选择。我们的智力与健康来自基因的部分具有偶然性，但后天的努力取决于我们的选择。我们拥有的物质资本来自我们的继承与馈赠，偶然性决定我们最初的资源，但如何使用我们拥有的资源，取决于我们的选择。我们可以选择是干这一行还是干那一行，是勤奋工作还是得过且过，是积蓄还是及时行乐，这些都会决定我们的资源是耗散还是增加。

市场根据供求关系决定资源的价格，从而决定人们的收入。

价格机制的3个作用是相互联系的：价格如果不能影响收入分配，那么不管我们的愿望如何，要利用价格来传递情报、提供激励是不可能的。人们的所得如果不取决于所提供资源（资本、劳动等）的市场价格，那么人们就不会努力寻找有关价格的信息，并根据价格信息采取相应的行动。价格如果不被人们关注，那么就起不到传递信息的作用。根据价格信息所采取的行动如果得不到好处，那么就起不到激励作用。只有价格机制发挥作用的地方，"看不见的手"才能分配具体资源。

（三）供求

价格机制的3个作用能否正常发挥，关键在于价格能否准确地反映市场供求关系，价格的形成是否具有竞争性。只有在竞争性市场中形成的价格，才能准确地反映市场供求关系。

某种商品的供给，是指生产者在一定时期内在各种可能的价格下，愿意而且能够提供出售的该种商品的数量。如果生产者对某种商品只有提供的愿望，而没有提供出售的能力，则不能形成有效供给，因而不能称作供给。

一种商品的供给数量取决于多种因素的影响，其中主要的因素有该商品的价格、生产的成本、生产的技术水平、相关商品的价格和生产者对未来的预期。

一般来说，一种商品的价格越高，生产者提供的数量就越多；反之就越少。供给价格与供给数量呈正相关关系。供给曲线是一条供给数量随价格上升而增多的向上倾斜的曲线。

某种商品的需求,是指消费者在一定时期内在各种可能的价格下,愿意而且能够购买的该种商品的数量。如果消费者对某种商品只有购买的欲望,而没有购买的能力,则不能形成有效需求。

一种商品的需求数量取决于多种因素的影响,其中主要的因素有该商品的价格、消费者的收入水平、相关商品的价格、消费者的偏好和消费者对该商品价格的预期。

一般来说,一种商品的价格越高,该商品的需求数量就越少;反之就越多。需求价格与需求数量呈负相关关系。需求曲线是一条需求数量随价格下降而增多的向下倾斜的曲线。

需求和供给对价格反应的速度有明显的差别:需求几乎可以立刻对价格的变动做出反应,而供给的充分调整存在一定的滞后。

(四)竞争

市场配置资源的高效率在于市场中存在的竞争机制。竞争机制即优胜劣汰、适者生存的机制。市场竞争包括买者之间、卖者之间和买卖双方之间的竞争,这种竞争推动着资源优化配置。

在同一部门中,竞争主要体现在资源由效率低的企业流向效率高的企业;在部门之间,主要是资本的流入或流出,资本由利润率低的部门流向利润率高的部门。

有效竞争的前提是公平。只有在公平竞争的前提下,资源才能达到优化配置。

竞争达到优胜的同时,会出现劣汰。因此,市场不相信眼泪,行为人要为自己的选择负责,伴随竞争的是风险,有竞争,就有失败。因此,在市场经济中,必须防范风险。

第三节 市场结构与有效竞争

前面所谈到的市场调节与市场机制,都是在完全竞争的假设下进行讨论的。在现实中,不能说没有,但至少可以说是不完全的。我们通常说,在一定的环境下,消费者谋求效用最大化,生产者谋求利润最大化。这个环境其实就是市场环境,也就是市场结构。

一、市场结构

一定的市场结构决定了市场参与者(消费者与生产者)的行为方式,也就决定了市场的均衡机制与资源配置。在现实中,市场结构千差万别,但一般将其划分为4种:完全竞争的市场、完全垄断的市场、垄断竞争的市场、寡头垄断的市场。后3种市场结构又称为不完全竞争。

(一)完全竞争的市场(Perfectly Competitive Market)

完全竞争的市场,又称作纯粹竞争的市场,是指竞争充分而不受任何阻碍和干扰的一种市场结构。在这种市场类型中,买卖人数众多,买者和卖者是价格的接受者,资源可自由流动,市场完全由"看不见的手"进行调节,政府对市场不做任何干预,只起维护社会安定和抵御外来侵略的作用,承担的只是"守夜人"的角色。

1. 完全竞争的市场的特征

(1) 市场上有众多的生产者和消费者,任何一个生产者或消费者都不能影响市场价格

存在着大量的生产者和消费者,与整个市场的生产量(销售量)和购买量相比较,任何一个生产者的生产量(销售量)和任何一个消费者的购买量所占的比例都很小,因而,他们都无能力影响市场的产量(销售量)和价格,所以,任何生产者和消费者的单独市场行为都不会引起市场产量(销售量)和价格的变化。正如经济学家乔治·斯蒂格勒所说:任何单独的购买者和销售者都不能依凭其购买和销售来影响价格。用另一种方式来表达,就是:任何购买者面对的供给弹性是无穷大,而销售者面临的需求弹性也是无穷大的。也就是说,他们都只能是市场既定价格的接受者,而不是市场价格的决定者。

(2) 企业生产的产品具有同质性,不存在差别

市场上有许多企业,每个企业生产的某种产品不但是同质的产品,而且在产品的质量、性能、外形、包装等方面是无差别的,以至于任何一个企业都无法通过自己的产品具有与他人产品的特异之处来影响价格而形成垄断,从而享受垄断利益。对于消费者来说,无论购买哪一个企业的产品都是同质无差别产品,以至于众多消费者无法根据产品的差别而形成偏好,从而使生产这些产品的生产者形成一定的垄断性而影响市场价格。也就是说,只要生产同质产品,各种商品互相之间就具有完全的替代性,这很容易接近完全竞争市场。

(3) 生产者进出市场,不受社会力量的限制

任何一个生产者,既可以自由进入某个市场,又可以自由退出某个市场,即进

入市场或退出市场完全由生产者自己自由决定,不受任何社会法令和其他社会力量的限制。无任何进出市场的社会障碍,生产者能自由进入或退出市场,因此,当某个行业市场上有净利润时,就会吸引许多新的生产者进入这个行业市场,从而引起利润的下降,以至于利润逐渐消失。而当行业市场出现亏损时,许多生产者又会退出这个市场,从而引起行业市场利润的出现和增长。这样,在一个较长的时期内,生产者只能获得正常的利润,而不能获得垄断利益。

(4) 市场交易活动自由、公开,没有人为的限制

市场上的买卖活动完全自由、公开,无论哪一个商品销售者都能够自由公开地将商品出售给任何一个购买者,而无论哪一个商品购买者也都能够自由公开地向市场上任何一个商品销售者购买商品,市场上不存在任何歧视。同时,市场价格也只随着整个市场的供给与需求的变化而变动,没有任何人为的限制。任何市场主体都不能通过权力、关税、补贴、配给或其他任何人为的手段来控制市场供需和市场价格。

(5) 市场信息畅通准确,市场参与者充分了解各种情况

消费者、企业和资源拥有者们,都对有关的经济和技术方面的信息有充分和完整的了解。例如,生产者不仅完全了解生产要素价格、自己产品的成本、交易及收入情况,还完全了解其他生产者产品的有关情况;消费者完全了解各种产品的市场价格及其交易的所有情况;劳动者完全了解劳动力资源的作用、价格及其在各种可能的用途中给他们带来的收益。因此,市场上完全按照大家都了解的市场价格进行交易活动,不存在相互欺诈。参与者在进行决策时,不仅能借鉴过去,还能预知未来。

(6) 各种资源都能够充分地流动

任何一种资源都能够自由地进入或退出某一市场,能够随时从一种用途转移到另一种用途中去,不受任何阻挠和限制。即各种资源都能够在各种行业间和各个企业间充分自由地流动。生产设备、原材料、劳动力等能够很容易从一个产业退出,重新进入另一个产业。商品能够自由地由市场价格低的地方流向市场价格高的地方,劳动力能够自由地从收入低的行业或企业流向收入高的行业或企业,资金、原料和燃料等亦能够自由地由效率低、效益差的行业或企业流向效率高、效益好、产品供不应求的行业或企业。

2. 完全竞争的市场的评价

(1) 完全竞争的市场可以促使微观经济运行保持高效率

完全竞争的市场全面排除了任何垄断性质和任何限制,完全依据市场的调节运行,因而可以促使微观经济运行保持高效率。因为在完全竞争市场条件下,生产效率低和无效率的生产者会在众多生产者的相互竞争中被迫退出市场,生产效率高的

生产者则得以继续存在，同时，有生产效率更高的生产者随时进入市场参与市场竞争，生产效率更高的生产者则在新一轮的市场竞争中取胜，因而完全竞争的市场可促使生产者充分发挥自己的积极性和主动性，进行高效率的生产。

(2) 完全竞争的市场可以促进生产效率的提高

完全竞争的市场可以促使生产者以最低成本进行生产，从而提高生产效率。因为在完全竞争的市场类型条件下，每个生产者都只能是市场价格的接受者，因而他们要想使自己的利润最大化，就必须以最低的成本进行生产，也即必须按照其产品平均成本处于最低点时的产量进行生产。生产者以最低的生产成本生产出最高产量的产品，这是一种最佳规模的生产，这样的生产也就没有浪费任何资源和生产能力，因而，这样的生产过程也就是一种促进生产效率和效益不断提高的过程。

(3) 完全竞争的市场可以增进社会利益

完全竞争的市场中的竞争，在引导生产者追求自己利益的过程中，也有效地促进了社会的利益。这是亚当·斯密的重大发现及著名论断。他认为，市场竞争引导每个生产者都不断地努力追求自己的利益，他(她)所考虑的并不是社会利益，但是，由于受着"一只看不见的手"的指导，去尽力达到一个并非他本意想要达到的目的。他(她)追求自己的利益，往往使他(她)能比在真正出于本意的情况下更能有效地促进社会的利益。例如，假若每个生产者都努力使其生产的产品价值达到最高程度，其结果必然使社会的年收入总额有很大的增长，从而也就促进了社会公共利益的增加。

(4) 完全竞争的市场可以提高资源的配置效率

在完全竞争的市场条件下，资源能不断地自由流向最能满足消费者需要的商品生产部门，在资源的不断流动过程中实现了资源在不同用途间、不同效益间和在生产过程中的不同组合间的有效选择，使资源发挥出更大的效用，从而也就会大大提高资源的配置效率与配置效益。

(5) 完全竞争的市场有利于消费者及消费需求满足的最大化

在完全竞争的市场条件下，价格趋向等于生产成本。因而，"在许多情况下，它可以形成对消费者来说最低的价格"，而且完全竞争的市场条件下的利润比其他非完全竞争市场条件下的利润要小，所以"在纯粹竞争的情况下，获利最大的是消费者"。同时，完全竞争市场还"可以使消费需求的满足趋向最大化"。

尽管完全竞争的市场在现实经济生活中几乎是不存在的，但是，研究完全竞争的市场类型仍有其积极的意义。分析研究完全竞争的市场形式，有利于建立完全竞争的市场类型的一般理论，当人们熟悉掌握了完全竞争的市场类型的理论及其特征以后，就可以用其指导自己的市场决策。生产者可以在出现类似情况时(如作为价格的接受者时等）做出正确的产量和价格决策。人们在分析其他市场中竞争与效率的问题时，完全竞争的市场理论可以作为一个衡量标准。此外，采用这一模型可以大大简化对实际问题的分析，同时不影响分析的合理性。

（二）完全垄断的市场（Perfect monopoly Market）

完全垄断的市场，是一种与完全竞争市场相对立的极端形式的市场类型。完全垄断的市场也叫作纯粹垄断的市场，一般简称"垄断市场"。"垄断"一词出自希腊语，意思是"一个销售者"，也就是指某一个人控制了一个产品的全部市场供给。因而，完全垄断的市场，就是指只有唯一供给者的市场类型。完全垄断的市场的假设条件有3个：第一，整个市场的物品、劳务或资源都由一个供给者提供，消费者众多；第二，没有任何接近的替代品，消费者不可能购买到性能等方面相近的替代品；第三，进入限制使新的企业无法进入市场，从而完全排除了竞争。现实中具有完全垄断性质的市场有两类：一类是水、电、煤气等自然垄断部门；一类是非自然垄断部门，如电话公司。

1.完全垄断的市场的形成原因

完全垄断的市场形成的原因很多，最根本的一个原因就是为了建立和维护一个合法的或经济的壁垒，从而阻止其他企业进入该市场，以便巩固垄断企业的垄断地位。垄断企业作为市场唯一的供给者，很容易控制市场某一种产品的数量及其市场价格，从而可连续获得垄断利润。具体地说，完全垄断的市场形成的主要原因有以下几个方面。

（1）竞争引起垄断

在竞争的市场中，由于各个企业在生产经营方面存在差异，某个企业在竞争中逐渐占据有利的地位，并在较低的成本和较为合理的生产规模下逐渐扩大其销售额。当该企业建立起相当的规模、产品产量足以满足整个市场需求时，这样的企业便在竞争中取得了垄断地位。在这种情况下，如果有新的企业想加入该行业，由于需要巨额的投资以及难以形成合理的规模，使得新进入的企业难以与原有企业相抗衡，结果新进企业只好以退出该行业收场。

（2）规模经济的要求

有些行业的生产需要投入大量的固定资产和资金，如果充分发挥这些固定资产和资金的作用，则这个行业只需要一个企业进行生产就能满足整个市场的产品供给，这样的企业适合于进行大规模的生产。大量的固定资产和资金作用的充分发挥，使企业具有了进行大规模生产的能力和优势，因而这个企业能够以低于其他企业的生产成本或低于几个企业共同生产的成本、价格，向市场提供全部供给。

(3) 自然垄断

具有自然垄断性的行业通常是由政府来经营的，如电力、自来水、天然气以及公共运输等行业。自然垄断性行业的发展之所以要求垄断经营，是因为自然垄断性行业的发展与垄断经营之间存在着紧密联系的技术经济因素。

自然垄断性企业由于实行垄断经营，可以通过规模经济和范围经济产生利益，并且由于其垄断地位而不会产生过多的成本。具体来说，第一，具有自然垄断性行业的生产需要庞大的固定资本投资，实行垄断经营，生产规模就大，客户就多，单位成本就越小，就能得到规模经济效益。第二，具有自然垄断性企业进行联合生产经营要比企业单独生产的成本低，从而获得生产与分配的纵向统一利益和对多种用户提供多种服务的复合供给利益，即获得范围经济效益。第三，自然垄断性行业生产需要的设备投资巨大，折旧时间长，同时这些设备很难转移作为其他用途，所以，固定成本有较大的沉淀性。这3个方面的技术理由就形成了进入市场的重要技术壁垒，使新的企业很难进入该市场，从而自然形成垄断市场。

以电信业的发展为例，如果某一个城市有几个电话公司，每个电话公司都要花费巨额投资建设一个通信网络，而且各个公司的电话通信网络都因有其自己的技术特性而很难相互连接，每个电话用户则只能利用一个公司的通信网络，因而在几家电话公司分散经营的条件下，要花费巨额投资进行重复建设。如果一个电话公司垄断经营，既能保证技术的统一性，又能避免重复建设，资本的投资效率和利用效率都得到提高。这种状况，在自然垄断性行业发展初期是垄断市场形成的一个重要原因。当然，随着现代科学技术的飞速发展，通信业网络相互利用的技术性障碍已不复存在，电信业已逐步失去自然垄断的性质。

(4) 生产与技术上的专利造成的垄断

一家企业如果能在其产品生产或基本生产方面获得专利，那么，在专利期内，其他企业将对这家企业的产品无法涉足。

专利是政府授予发明者的某些权利。这些权利一般是指在一定时期内对专利对象的制作、利用和处理的排他性独占权，从而使发明者获得应有的收益。某项产品、技术或劳务的发明者拥有专利权以后，在专利保护的有效期内形成了对这种产品、技术和劳务的垄断。专利创造了一种保护发明者的产权，在专利的有效保护期内其他任何生产者都不得进行这种产品、技术和劳务的生产与使用，或模仿这些发明进行生产。

(5) 资源投入的垄断引起产品销售的垄断

当某个生产者拥有并且控制了生产所必需的某种或某几种生产要素的供给来源时，其他企业即使具有生产这种商品的能力，但由于无法获得生产这种商品的基本原料，仍然无法涉足这种产业。

(6) 政府政策造成的垄断

政府通过特许经营，给予某些企业独家经营某种物品或劳务的权利。这种独家经营的权利是一种排他性的独有权利，是国家运用行政和法律的手段赋予并进行保护的权利。政府的特许经营，使独家经营企业不受潜在新进入者的竞争威胁，从而形成合法的垄断。政府对进入市场进行法律限制形成法律垄断，主要是基于3个方面的考虑：一是基于某种公司福利需要的考虑，例如某些必须进行严格控制的药品的生产，必须由政府特许独家经营；二是基于保证国家安全的考虑，例如各种武器、弹药的生产必须垄断；三是基于国家财政和税收收入的考虑，例如国家对某些利润丰厚的商品进行垄断经营。

2. 完全垄断的市场的好处

(1) 促进资源效率提高

规模经济是完全垄断的市场形成的重要原因。完全垄断的市场具有促进经济效率提高的可能性也表现在规模经济上。企业具有进行规模生产的能力，就可以进行大规模生产。一方面提高产品的产量、增加产品的品种，提供全部供给，这时的产量高于完全竞争企业的产量；另一方面减少资源的消耗，尽量降低产品的成本，这时的产品成本低于完全竞争时产品的成本；再一方面垄断企业可采用效率高的生产设备和先进的生产技术，从而促进资源效率的提高。

(2) 激励创新

创新就是指在生产过程中第一次使用某种新知识，研究出一种新产品、新劳务或一种新的加工技术等。完全垄断的市场的类型与创新之间存在着紧密的联系。专利是形成垄断的一种原因，只要创造了一种新产品、新劳务或新的加工技术并获得了专利，就会形成对这种产品、劳务或加工技术的垄断。同时，只有对创新进行专利保护，授予创新者以垄断权利，才能促进创新。这是因为完全垄断的市场通过专利形式给予创新者以垄断排他性权利，使创新者在一定时期内享有创新所带来的经济利益，因而就会刺激更多的企业进行创新活动，同时，刺激垄断者继续大量投资于科研开发工作，这样就能促进更大范围和更高层次创新活动的开展，从而推动经济社会的进步。

3. 完全垄断的市场的弊病

(1) 造成市场竞争的损失

完全垄断的市场的物品、劳务或资源都由一个供给者提供，即完全由一个企业垄断。在这种市场类型中，由于法律和自然的限制，新的企业无法进入市场，完全排除了市场竞争。排除了竞争，也就排除了经济社会进步的动力。众所周知，在市场经济中，市场竞争会迫使企业不断改进生产技术，提高劳动生产率，降低个别劳动消耗，从而推动整个社会的技术迅速发展。在完全垄断的市场中，由于无市场竞争的压力，垄断企业不用改进生产技术就可获得高额垄断利益，这样就会造成垄断企业不思进取，不会主动去改进生产技术。

(2) 造成生产效率的损失

在完全垄断的市场中，对于垄断企业来说，通过降低产量、提高产品价格的办法比提高生产效率的办法更容易获利，同时获利的成本更低，因而垄断企业就没有必要去提高生产效率。如果各个行业的垄断企业都这么做，就会造成整个社会生产效率的损失。

(3) 造成社会产量的损失

在完全垄断的市场条件下，由于垄断企业完全垄断了市场供给，因而垄断企业生产的产量决定着市场供给的产品总量。一般来说，垄断市场的产量低于完全竞争市场的产量，因为在完全竞争市场条件下，企业根据平均成本最低点所决定的产量进行生产，即按最佳产量进行生产。而在完全垄断市场条件下，垄断企业则是根据利润最大化所决定的产量进行生产，利润最大化决定的产量只能是较低的产量。垄断企业利润最大化决定的生产规模对于社会来说并不是最优生产规模，其产量不是社会最优产量。在利润最大化决定垄断企业产量的情况下，垄断企业的生产条件和生产能力没有充分发挥其作用，所以，垄断市场首先造成了社会生产条件和生产能力的损失，最终造成了社会产量的损失。

(4) 造成消费者利益的损失

在完全垄断市场条件下，垄断企业垄断了市场供给，并凭借着垄断权力控制了市场价格，消费者只能被迫接受垄断企业控制的市场高价格。这样一来，消费者出高价格购买的产品和服务，价格与其价值严重背离，消费者的利益与其权利严重背离，必然造成消费者利益的重大损失。从实质上来看，垄断企业对消费者造成的各种损失，就是垄断企业对消费者利益和权利的掠夺。垄断企业对消费者造成损失的行为，既违背了市场经济条件下等价交换的基本原则，又阻碍了社会的进步与发展。同时，垄断企业对其损害消费者利益的行为很难有正确的认识及改进的措施。因而，政府必须采取强有力的措施进行干预。如对垄断企业的产品价格进行调节，甚至直接定价，对其征收合理的高额税收，从而降低垄断企业的超额垄断利润，加强对垄断企业的监管和处罚，及时发现并制止垄断企业对消费者的损害等。

完全垄断的市场也是一种极端的市场类型，这种市场类型只是一种理论的抽象，在现实经济实践中几乎是不可能存在的。因为在现实经济实践中大多数垄断企业总是要受到政府或政府代理机构各个方面的干预和调节，而不可能任意由垄断企业去完全垄断的市场。当然，如果政府对垄断企业不进行干预，或者干预不力，垄断企业垄断市场、损害社会和消费者利益的行为也是随时可能出现的。

即使完全垄断的市场在现实经济实践中几乎是不存在的，但是，研究完全垄断的市场仍具有积极意义。研究完全垄断的市场可以促使我们了解完全垄断市场条件下出现的各种经济关系，从而有利于我们运用这种理论来研究现实市场类型条件下市场主体行为如何最佳化；研究完全垄断的市场理论还可以使我们明确政府对垄断行为进行干预、调节的必要性，以及政府干预、调节活动对市场正常运行及对市场主体利益的协调所起的重要作用等。

(三) 垄断竞争的市场 (Monopolistic Competition Market)

垄断竞争的市场是一种介于完全竞争和完全垄断之间的市场组织形式，在这种市场中，既存在着激烈的竞争，又具有垄断的因素。垄断竞争的市场是指一种既有垄断又有竞争，既不是完全竞争又不是完全垄断的市场，是处于完全竞争和完全垄断之间的一种市场。

1. 垄断竞争的市场特征

(1) 厂商众多，竞争激烈

每个厂商都认为自己的产量在整个市场中只占有一个很小的比例，因而厂商改变产量和价格，不会招致其竞争对手相应行动的报复。

(2) 产品差异，或异质商品

产品差别是指同一产品在价格、外形、性能、质量、构造、颜色、包装、形象、品牌及商标广告等方面的差别以及以消费者想象为基础的虚幻的差别。由于存在着这些差异，产品成了带有自身特点的"唯一"产品，使得消费者有了选择的必然，使得厂商对自己独特产品的生产销售量和价格具有控制力，即具有了一定的垄断能力，而垄断能力大小取决于它的产品区别于其他厂商的程度。产品差别程度越大，垄断程度越高。在西方经济学中，这一条件是决定垄断竞争的市场中存在垄断性的重要原因，因为产品的差异造成了无穷多的独特的产品市场，企业在独特的市场中具有控制能力，形成对各个独特产品市场的垄断。

(3) 厂商进入或退出该行业都比较容易，资源流动性较强

垄断竞争的市场是常见的一种市场结构，如肥皂、洗发水、毛巾、服装、布匹等日用品市场，宾馆、旅馆、商店等服务业市场，牛奶、火腿等食品类市场，书籍、药品等市场大都属于此类。

2. 垄断竞争的市场的评价

(1) 效率不是最佳

垄断竞争的市场结构，介于完全竞争的市场与完全垄断的市场之间，它既有垄断的一面，又有竞争的一面。各个企业生产的产品既能互相替代，又存在着差异，企业的产品需求曲线是向下倾斜的，边际收入小于产品的价格。在长期均衡点，边际成本等于边际收入，产品价格等于产品的长期成本，因而垄断竞争企业的长期行为同完全竞争的市场一样，没有超额利润。由于在垄断竞争的行业中，存在着过剩的生产能力，消费者要为此付出比较高的价格。如果从生产成本的角度来看，行业的资源没有得到充分利用。

(2) 消费者得到多样化的产品

在垄断竞争的市场中，虽然存在生产能力过剩、资源不能充分利用的问题，但产品的多样化及服务水平的提高，使消费者得到更大程度的满足。在垄断竞争的市场中，竞争通常采用非价格竞争的方式。企业为了巩固自己的垄断地位，必须不断地进行产品更新。当然消费者为此也必须支付较高的产品价格。

(四) 寡头垄断的市场 (Oligopoly Monopoly Market)

寡头垄断的市场是介于垄断竞争的市场与完全垄断的市场之间的一种比较现实的混合市场，是指少数几个企业控制整个市场的生产和销售的市场结构。这几个企业被称为寡头企业。

寡头垄断就是少数企业控制整个市场。他们供应的商品占这个市场最大、最主要的份额。寡头垄断企业，又称为寡头垄断厂商，指少数几家厂商控制整个市场的产品的生产和销售的一种市场结构。该市场的典型特征是厂商之间的行为相互影响，以至于厂商的决策要考虑竞争对手的反应。根据产品特征，寡头市场可以分为纯粹寡头行业和差别寡头行业两类。在纯粹寡头行业中，厂商生产无差别产品；而在差别寡头行业中，厂商生产有差别产品。按厂商的行动方式，寡头市场分为有勾结行为的和独立行动的不同类型。寡头行业被认为是一种较为普遍的市场组织。

寡头垄断的市场是介于完全垄断的市场和垄断竞争的市场之间的市场结构。市场显示：20%以下为竞争性市场，20%~39%为弱寡头市场，40%~59%为寡头市场，60%以上为强寡头市场。

寡头市场中的价格不完全是由市场的供求关系决定的。

寡头市场中，任何厂商在采取行动前，都必须认真研究对手，并考虑到对手可能做出的反应（企业既不是"价格接受者"，也不是"价格的制定者"，而是"价格的搜寻者"）。

寡头决策时，也要考虑边际收益和边际成本的问题，但是，边际收益情况往往难以确定，原因在于企业间存在具有直接针对性的竞争。

寡头垄断的市场不存在确定的、合乎逻辑的均衡态，也不存在一般的寡头价格理论，只有许多不同的模型，它们通过特定的行为假定得出不同的结论。

1. 寡头垄断的市场的特征

寡头垄断的市场是处于完全竞争和完全垄断之间的一种市场结构。同垄断竞争的市场一样，都是中间形态的市场，而侧重偏向于完全垄断。同完全垄断的市场比，二者都有垄断的因素，但垄断程度小于完全垄断。

相互依存是寡头垄断的市场的基本特征。由于厂商数目少而且占据市场份额大，不管怎样，一个厂商的行为都会影响对手的行为，影响整个市场。所以，每个寡头在决定自己的策略和政策时，都非常重视对手对自己这一策略和政策的态度和反应。作为厂商的寡头垄断者是独立自主的经营单位，具有独立的特点，但是他们的行为又互相影响、互相依存。这样，寡头厂商可以通过各种方式达成共谋或协作，形式多种多样，可以签订协议，也可以暗中默契。

(1) 厂商极少

市场上的厂商只有一个以上的少数几个（当厂商为两个时，叫双头垄断），每个厂商在市场中都占有举足轻重的地位，对其产品价格具有相当的影响力。

(2) 相互依存

任一厂商进行决策时，必须把竞争者的反应考虑在内，因而既不是价格的制定者，更不是价格的接受者，而是价格的寻求者。

(3) 产品同质或异质

产品没有差别，彼此依存的程度很高，叫纯粹寡头，存在于钢铁、尼龙、水泥等产业；产品有差别，彼此依存关系较低，叫差别寡头，存在于汽车、重型机械、石油产品、电气用具、香烟等产业。

(4) 进出不易

其他厂商进入相当困难，甚至极其困难。因为不但在规模、资金、信誉、市场、原料、专利等方面，其他厂商难以与原有厂商匹敌，而且由于原有厂商相互依存、休戚相关，其他厂商不仅难以进入，也难以退出。

寡头垄断的市场结构有一点与垄断竞争相类似，即它既包含垄断因素，也包含竞争因素。但相对而言，它更接近于垄断的市场结构，因为少数几个企业在市场中占有很大的份额，使这些企业具有相当强的垄断势力。寡头垄断企业的产品可以是同质的，也可以是有差别的。

寡头垄断的市场存在明显的进入障碍。这是少数企业能够占据绝大部分市场份额的必要条件,也可以说是寡头垄断的市场结构存在的原因。最重要也是最基本的因素是这些行业存在较明显的规模经济性。如果这些行业中要容纳大量企业,则每家企业都将因生产规模过小而造成很高的平均成本。规模经济性使得大规模生产占有强大的优势,大公司不断壮大,小公司无法生存,最终形成少数企业激烈竞争的局面。对试图进入这些行业的企业来说,除非一开始就能形成较大的生产规模,并能占据比较可观的市场份额,否则过高的平均成本将使其无法与原有的企业相匹敌。

2. 主要模式

(1) 突点需求曲线

理解寡头的需求曲线突点的关键在于理解寡头价格变动的相互影响。因为寡头市场为若干寡头分割,一家寡头涨价,别的寡头价格不变,这家寡头的消费者都去购买别的寡头的商品,其需求量就会大幅度减少;反过来,一家寡头降价,别的寡头则要跟着降价,然后部分抵消这个寡头降价的效应,使得这个寡头的需求量增加有限。需求曲线的突点折断了边际收益曲线,这是由需求曲线作为平均收益线与边际收益线的关系决定的。边际成本线与此折断处相交,既不影响价格也不影响产出。

(2) 市场份额模式

理解市场份额的关键就是遵循 $MR=MC$ 的规则,确定市场份额的分配。在成本不同而需求曲线和边际收益线相同的情况下,边际成本低的企业市场份额大,价格也低;而边际成本高的企业市场份额小,价格也高。

(3) 价格领头模式

上述两种情况是寡头企业各自定自己的价格,实际上,在很多情况下,都是一家寡头定价,其他寡头只是价格的接受者。

(4) 博弈论模式

寡头垄断企业间的竞争实际上是种博弈,也就是竞争各方都充分考虑各方在现有条件下可能做出的选择,然后做出对自己最为有利的决策。

3. 寡头垄断的市场的利弊

寡头垄断的经济效率是比较低下的,仅仅高于完全垄断。而且,过度制造产品差别和广告的非价格竞争,也会造成资源浪费。

但是,与其他市场相比较,寡头垄断的市场有一个突出的优点,那就是寡头垄断的市场有利于研究与开发。在完全竞争的市场和完全垄断的市场中,很少有对研究与开发的刺激。而且,完全竞争厂商与垄断竞争厂商一样,通常力量较小,无力开展研究工作。

为了竞争,寡头厂商总是要积极从事研究与开发,以不断提高产品质量,降低产品成本,改进产品性能。况且它们多为大企业,能够承担起研究与开发所需要的高昂费用。如汽车、计算机等寡头市场，其技术的突飞猛进和产品的日新月异有目共睹。

二、有效竞争

有效竞争（Workable Competition）或可行竞争，也称不完全竞争（Imperfect Competition）。有效竞争就是既有利于维护竞争又有利于发挥规模经济作用的竞争格局。就实现有效配置资源的目标来看，有效竞争是指使竞争达到能够有效配置的程度。

有效竞争是由美国经济学家克拉克（J.M.Clark）针对完全竞争概念的非现实性而提出来的。克拉克认为，虽然完全竞争被经济学家进行了准确的定义和精心阐述，但它在现实世界中不可能且从来没有存在过，其应用的最大意义在于可以作为人们分析问题的出发点或判别是非的行为标准。在克拉克看来，只要完全竞争的一个条件不具备，则合乎情理地会出现另外的条件也不具备的情形。克拉克强调，完全的垄断在现实中很难找到，而与完全竞争所定义的可以自由进入、不存在生产要素专用性和不可恢复的沉没成本的产业，可能会面临极其严酷的破坏性竞争。克拉克的结论是，虽然极端的产品差异性可能会导致垄断的倾向，但存在产品适度差异，特别是具有紧密替代关系和较多知识技术含量产品推动的竞争，可能是更为可行和有效率的。

有效竞争并不排除一定程度的垄断。由分散的生产走向大规模的集中生产，甚至出现寡头垄断，本身就是市场经济发展的结果。现代市场经济已不同于古典的市场经济。现代市场有以下两个特征：

(1) 原子式市场已被大规模市场所取代

在古典市场经济中，原子式市场是最通常的市场样式，即组成某一行业的是大量的原子式的微小厂商。而进入20世纪后占主导地位的则是大规模生产的厂商，市场进入区域化、国际化时代。

(2) 无政府状态的市场被有组织的市场所取代

突出表现在固定价格型市场，且在现代市场中居于支配地位。在没有组织的市场中，价格由供求关系决定，生产者只是价格的接受者。在有组织的市场中，生产者是价格的制定者，它除了受供求关系影响外，还受到其他许多因素的影响。

现代市场的参与者是大规模生产的厂商为主体的市场经济学。参与主体的特点是：一是规模大；二是内部生产具有较强的计划性。

在古典式的市场经济中，竞争性市场可以实现有效的生产与定价，因此，亚当·斯密坚决反对政府干预，这是有道理的。但在现代市场经济中，由于厂商有足够的市场力量，它们会将价格抬高到竞争水平以上并维持相当长的时间。当存在这种超常的市场力量时，就需要政府干预，进行必要的制度安排，以创造必要的竞争环境。

在成熟的市场中，一是政府对垄断行业进行管制，以抑制大厂商的市场力量。自然垄断形成有三类：一类是水、电、气等行业，这类行业因为规模经济的原因，垄断生产成本较小；一类是由于范围经济而导致的垄断，如计算机软件业，软件更新过程中可以不断地加入额外的功能，微软的操作系统就是这方面的例子；还有一类则发生在网络化的产业中，由于整个系统的有效运行需要标准化，铁路需要统一的轨道宽度，电力传输要求负载的平衡，通信则要求统一的数据交换协议以使不同的设备可以互联互通。自然垄断相对于竞争者来说，具有极大的成本优势，但由于没有竞争，可以大幅度地提高价格，获取垄断利润。因此，要对其进行管制。

二是制定反垄断政策，以促进竞争。以美国为例，反托拉斯政策禁止不利于竞争的行为并防止垄断结构。禁止不利于竞争的行为包括规定价格和划分市场的协议、价格歧视和捆绑协议；破除垄断结构，这些结构主要是具有过度影响市场的力量，不利于竞争活动。

第四节　市场的局部均衡与一般均衡

一、市场的局部均衡（Partial Equilibrium Analysis）

局部均衡理论，也称局部均衡分析：在假定其他市场条件不变的情况下，孤立地分析单个市场或部分市场的供求与价格之间的关系或均衡状态，而不考虑它们之间的相互联系和影响。

局部均衡理论把单一商品的市场看成是总体经济的一个很小的部分。相对于总体经济来讲，单一商品市场的小规模特点给我们分析市场均衡问题带来了两个方便之处。首先，我们可以认为消费者在单一商品上的支出仅占其全部支出的一个很小比例，一元钱的收入中仅拿出很少一点来购买这种商品，因此收入效应很小，可以忽略。也就是说，消费者收入的变动对单一商品的需求量影响甚微，近乎没有影响，因而可以视作无影响。其次，所研究的商品市场的小规模也使得该种商品的价格变化对其他商品几乎没有什么替代效应，因而可以认为其他商品的价格不受所考虑的这种商品价格的影响。

局部均衡理论是一种经济分析方法，指在其他情况不变的情况下，仅考察经济生活在一定时间的某个变数对有关经济变量的影响的分析方法。

局部均衡分析研究的是单个的市场、居民或企业的行为,其前提是将其他市场和经济的其他部分的行为视作既定。而我们在这里关心的是一般均衡分析,考查的是所有居民户、企业与市场如何同时相互作用以解决如何生产、生产什么、为谁生产的问题。

二、市场的一般均衡(General Quilibrium Analysis)

事实上,经济生活的内在联系是错综复杂的。所有的供给与需求、成本与偏好、要素与价格,一系列的经济过程既在空间上展开,也在时间中接续。投入与产出的市场在一个相互依存的系统中相互联系,这样一张看不见的网,我们称之为一般均衡。

经济的一般均衡包含了成百上千个决定价格和产出的市场背后所隐藏的逻辑结构:(1)居民户供给要素,购买产品,以实现效用最大化;(2)厂商根据利润最大化原则,将其从居民户买来的要素变成产品,再卖给居民户。这是经济资源流转的过程,也是一般均衡的过程。

分工与交换塑造了市场经济,人们对市场经济的认识,形成了市场经济的理论。市场经济是通过市场机制对资源配置起基础性作用的经济。在市场经济中,资源配置主要通过价格机制起作用,价格机制决定了人们生产什么、怎么生产以及为谁生产。市场经济的有效性是与市场结构相连的,不同的市场结构具有不同的效率。市场体系联结需求与供给,形成了无形的网络,"看不见的手"决定人间的祸福,达成了市场的一般均衡。

第四章 宏观经济管理与调控

第一节 宏观经济分析概述

宏观经济分析研究的是一个国家整体经济的运作情况,包括国民经济运行方式、运行状况、运行规律以及政府运用宏观经济政策如何影响国民经济的运行,具体是指国民收入决定理论、通货膨胀与失业理论、经济周期理论、宏观经济政策等。

一、宏观经济分析的意义和内容

宏观经济分析的研究方法主要是总量分析方法。经济总量是指反映国民经济整体运行状况的经济变量,包括国民收入、总消费、总投资、总储蓄、总供给、总需求、通货膨胀率、失业率、利率、经济增长率等。总量分析方法就是研究经济总量的决定、变动及其相互关系,以及以此为基础说明国民经济运行状况和宏观经济政策选择的方法。

作为一个开放的经济体,宏观经济运行涉及居民、企业、政府和国外4个部门的经济变量。宏观经济分析就是结合四大部门的运行来揭示一国经济的总国民收入、总消费、总投资、总储蓄、总供给、总需求、通货膨胀率、失业率、利率、经济增长率等宏观变量是如何变动的。在经济运行和经济管理过程中,要求管理者必须对国家的宏观经济有一定的认识,能够较为清楚地分析当前的国民经济运行状况,理解国家的宏观政策导向和未来变动趋势,以及对管理的影响,从而更好地进行管理。

二、国民收入核算体系指标

(一)国内生产总值

1.国内生产总值的概念

国内生产总值(GDP)是指一个国家或地区在一定时期内(通常指一年)所生产的全部最终产品和劳务的价值。GDP常被公认为是衡量国家经济状况的最佳指标,能够反映一个国家的经济表现和一国的国力与财富。正确理解GDP要把握以下几方面。

第一，GDP 是一个市场价值概念。GDP 计入的最终产品和劳务的价值应该是市场活动导致的价值。市场价值就是所生产的全部最终产品和劳务的价值都是用货币加以衡量的，即用全部最终产品和劳务的单位价格乘以产量求得的。非市场活动提供的最终产品和劳务因其不用于市场交换，没有价格，因而就没有计入 GDP。例如，农民自给自足的食物、由家庭成员自己完成家务劳动、抚育孩子等这些人们自己做而不雇用他人做的事情，就没有计入 GDP。但如果非市场活动（自己做家务）变成市场交易（雇保姆做家务），就计入 GDP 了；抚育孩子过去不算 GDP，现在孩子日托就要算进 GDP。社会分工越细，非市场行为就会更多地市场化，这对 GDP 的贡献是很大的。

第二，GDP 衡量的是最终产品的价值。GDP 核算时不能计入中间产品的价值，否则就会造成重复计算。中间产品是指生产出来后又被消耗或加工形成其他新产品的产品，一般指生产过程中消耗的各种原材料、辅助材料、燃料、动力、低值易耗品和有关的生产性服务等；最终产品是指在本期生产出来而不被消耗加工、可供最终使用的那些产品，具体包括各种消费品、固定资产投资品、出口产品等。

第三，GDP 衡量的是有形的产品和无形的产品。GDP 计入的最终产品不仅包括有形的产品，还包括无形的产品（劳务），如旅游、服务、卫生、教育等行业提供的劳务，这些劳务同样按其所获得的报酬计入 GDP 中。

第四，GDP 计入的是在一定时期内所生产而不是销售的最终产品价值。计算 GDP 时，只计算当期生产的产品和劳务，不能包括以前生产的产品和劳务，即使是当年生产出来的未销售出去的存货也都要计入进去。

第五，GDP 是一个地域概念。GDP 是指在一国范围内生产的最终产品和劳务的价值，包括在本国的外国公民提供生产要素生产的最终产品和劳务的价值，但不包括本国公民在国外提供生产要素生产的最终产品和劳务的价值。这是 GDP 区别于后面提到的国民生产总值的关键点。

第六，GDP 是流量而不是存量。GDP 核算的是在一定时期内（如一年）发生或产生的最终产品和劳务的价值，是流量，而不是存量（存量是指某一时点上观测或测量到的变量）。

2.国内生产总值的计算

GDP 是一个国家或地区在一定时期内经济活动的最终成果，为了把 GDP 核算出来，有 3 种方法可供选择——支出法、生产法和收入法。

支出法，又叫产品支出法、产品流动法或最终产品法，它是从产品的使用去向出发，把一定时期内需求者购买最终产品和劳务所支出的货币加总起来计算 GDP 的方法。

生产法就是增加值法，即先求出各部门产品和劳务的总产出，然后从总产出中相应扣除各部门的中间消耗，求出各部门的增加值，最后汇总所有部门的增加值得出 GDP。

收入法是从生产要素在生产领域得到初次分配收入的角度来进行计算的，也称分配法。把生产要素在生产中所得到的各种收入相加来计算的 GDP，即把劳动所得到的工资、土地所有者得到的地租、资本所得到的利息以及企业家才能得到的利润相加来计算 GDP。这种方法又叫要素支付法、要素成本法。在没有政府参与的情况下，企业的增加值，即创造的 GDP，就等于要素收入加上折旧（企业在支付其生产要素前先扣除折旧）；当政府参与经济后，政府往往征收间接税，这时的 GDP 还应包括间接税和企业转移支付。

（二）宏观经济分析中的其他总量指标及其关系

在国民收入核算体系中，除了国内生产总值以外，还有国民生产总值、国民生产净值、国民收入（狭义）、个人收入以及个人可支配收入等相关概念。这些概念和国内生产总值一起统称为广义的国民收入，这样就能够更全面地衡量一国经济发展的总体水平和国民生活水平。

1. 国民生产总值

与 GDP 不同，国民生产总值（GNP）是按照国民原则来计算的，即凡是本国国民（包括境内公民及境外具有本国国籍公民）所生产的最终产品价值，不管是否发生在国内，都应计入国民生产总值。国民生产总值同国内生产总值一样都有名义和实际之分。

2. 国民生产净值

国民生产净值（NNP）是指经济社会新创造的价值。国民生产净值等于国民生产总值减去资本（包括厂房、设备）折旧的余额。

国民生产净值是一个国家一年中的国民生产总值减去生产过程中消耗的资本（折旧费）所得出的净增长量。从概念上分析，国民生产净值比国民生产总值更能反映国民收入和社会财富变动的情况，但折旧费的计算方法不一，政府的折旧政策也会变动，国民生产总值比国民生产净值更容易确定统计标准，因此，各国实际还是常用国民生产总值而不常用国民生产净值。

3. 国民收入

国民收入（NI）是指一国生产要素（指劳动、资本、土地、企业家才能等）所获收入的总和，即工资、利息、租金和利润之和。国民收入等于国民生产净值减去企业间接税。间接税，也称流转税，是按照商品和劳务流转额计算征收的税收，这些税收虽然是由纳税人负责缴纳，但最终是由商品和劳务的购买者、即消费者负担，所以称为间接税，包括增值税、消费税和营业税等。

这里的国民收入定义是一个狭义的概念。国民收入是反映整体经济活动的重要指标，因此，常被用于宏观经济学的研究中，也是国际投资者非常关注的国际统计项目。

4. 个人收入

个人收入（PI）是指个人从经济活动中获得的收入。国民收入不是个人收入。一方面，国民收入中有3个主要项目是非个人接受的部分，不会成为个人收入，这3个主要项目就是公司未分配利润、公司所得税和社会保险税；另一方面，国民收入没有计入在内，但实际又属于个人收入的部分，这里指并非由于提供生产性劳务而获得的其他个人收入，如政府转移支付、利息调整、红利和股息等，虽然不属于国民收入（生产要素报酬），却会成为个人收入。因此，个人收入等于国民收入减去非个人接受的部分，再加上并非由于提供生产性劳务而获得的其他个人收入。PI是预测个人的消费能力、未来消费者的购买动向及评估经济情况好坏的一个有效的指标。

5. 个人可支配收入

个人可支配收入（DPI）是指一个国家所有个人（包括私人非营利机构）在一定时期（通常为一年）内实际得到的可用于个人消费和储蓄的那一部分收入。个人可支配收入等于个人收入扣除向政府缴纳的各种税收和费用的余额。如个人缴纳的所得税、遗产税和赠与税、房产税等，以及交给政府的非商业性费用。个人可支配收入被认为是消费开支的最重要的决定性因素，因而，常被用来衡量一国生活水平的变化情况。

三、价格水平指标

在宏观经济分析中，用当前市场价格来计算的各种变量称为名义变量。从一定意义上说，名义变量只解决了将不同种类的产品和劳务加总的问题。但是，比较两个不同时期的同一宏观经济变量的变化情况时，人们往往要分清楚，这种总量的变化有多少成分是由于物品和劳务量的增加所带来的，多少是由价格的变化所引起的。

在宏观经济分析中，为了分析国民财富的变化，往往需要剔除价格因素的变动，只研究物品和劳务的数量变化。常用的方法是用不变价格来衡量经济变量，即用以前某一年（称为基年）的价格为基准，衡量经济变量的数值。

在宏观经济分析中，用不变价格衡量的GDP被称为实际（真实）的GDP。名义GDP是用生产的产品和劳务的当期价格计算出来的GDP，而实际GDP是用统计时确定的某一年(称为基年)的价格计算出来的 GDP。可以看出，实际 GDP 的变化已经排除了价格的变化，单纯反映商品和劳务数量所引起的变化。

在宏观经济分析中，把剔除价格变化后两个经济总量对比的结果叫作价格指数。宏观经济分析中常用的价格指数主要有 GDP 折算数、消费者价格指数、生产者价格指数和农产品生产价格指数。

（一）GDP 折算数

假定某一年的名义 GDP 增加了，但该年的实际 GDP 没有变动。直观上容易理解，这时名义 GDP 的增加一定是由于经济中价格增加导致的。这一考虑就引出了 GDP 折算数的定义。GDP 在第 t 年的折算数被定义为名义 GDP 与同一年实际 GDP 的比率，即 GDP 折算数 = 名义 GDP/ 实际 GDP。

（二）消费者价格指数

消费者价格指数（CPI）是用来衡量城市居民购买一定有代表性的商品和劳务组合的成本变化的指数。也就是说，消费者价格指数反映消费者生活成本的变动情况。在计算中，消费商品采取抽样的方式，抽样的范围仅限于有代表性的商品。大多数国家都编制居民消费价格指数，反映城乡居民购买并用于消费的消费品及服务价格水平的变动情况，并用它来反映通货膨胀程度。

（三）生产者价格指数

生产者价格指数（PPI）是用来衡量生产成本变化的指数，它的计算中仅考虑有代表性的生产投入品，如原材料、半成品和工资等。

（四）农产品生产价格指数

农产品生产价格指数是反映一定时期内，农产品生产者出售农产品价格水平变动趋势及幅度的相对数。该指数可以客观反映全国农产品生产价格水平和结构变动情况，满足农业与国民经济核算需要。

四、就业与失业指标

在宏观经济运行过程中，失业是具影响很大的一种经济现象，也被看作宏观经济运行中的一种病态现象，是困扰各个国家发展的一大难题。解决失业问题与降低通货膨胀率一起成为社会关注的重点和政府宏观经济政策的目标。

（一）劳动力、就业与失业

就业和失业是反映劳动力市场状况最主要的两个指标，关系社会稳定和经济发展，是各国政府制定经济政策时的重要依据。

1. 劳动力

一个经济中一定时点的总人口可以划分为劳动年龄人口和非劳动年龄人口。劳动年龄人口可以进一步划分为劳动力人口和非劳动力人口。劳动力人口简称劳动力，是指一定时点内具有劳动能力的劳动适龄人口。劳动力概念的界定要考虑两个因素：一是具有劳动能力的人口；二是劳动适龄人口。根据各国劳动就业统计的惯例，下列人员一般不属于劳动力：军队人员；在校学生；家务劳动者；退休和因病退职人员以及劳动年龄内丧失劳动能力、服刑犯人等不能工作的人员；特殊原因不愿工作的人员；在家庭农场或家庭企业每周工作少于15个小时的人员。由此可见，在劳动适龄人口中减去以上6类非劳动力人口的余下部分称为劳动力。在我国劳动力统计中，把超过或不足劳动年龄，但实际参加社会劳动并领取劳动报酬和收入的人口也计算在内，主要包括农业中经常参加劳动的超过或不足劳动年龄的人口和退休后参加社会劳动领取工资补差或劳动报酬以及领取其他经济收入的人口。

2. 就业

就业是指具有劳动能力的公民依法从事某种有报酬或劳动收入的社会活动。就业人员不分所有制结构（国有、集体、外资、个体等）和用工形式（固定工、合同工、临时工等），只要从事劳动并取得合法劳动报酬或经营收入的都是就业人员。但不包括从事义务性劳动、社会性救济劳动、家务劳动或从事非法劳动的人员，充分就业已经成为我国宏观经济政策的重要标志。

3. 失业

在宏观经济分析中，失业是指有劳动能力、符合工作条件、有工作愿望并且愿意接受市场工资的人没有找到工作的一种社会现象。按照国际劳工组织的标准，失业者是指在一定年龄之上，在参考时间内没有工作，目前可以工作而且正在寻找工作的人。这个定义包括两个方面：一是失业者应是符合工作条件的人；二是如果一个人未寻找工作或不愿意接受现行市场工资，他（她）也不能被认为是失业者。

按照这个定义，衡量是否失业，必须有四要素。第一，在一定年龄之上。国际劳工组织对年龄没有严格限制，各个国家根据本国国情，对年龄做出了不同的规定，我国规定年龄下限为16周岁，美国、法国也是16周岁，日本、加拿大、韩国、新加坡等是15周岁。第二，确认至少在过去的一周内已经没有工作。第三，目前可以工作，即有劳动的能力和可能性。第四，正在寻找工作，即本人有工作的要求，在最近特定时期内已经采取明确步骤寻找工作或自谋职业者。上述条件必须同时成立，才能构成完整的失业内涵。失业包括就业后失去工作转为失业的人员和新生劳动力中未实现就业的人员。例如，因离职、被解雇等原因没找到工作和大学毕业后没找到工作的人员等。

(二) 失业的类型和成因

在西方经济学中，失业分为两类：一类是自愿失业；另一类是非自愿失业。"自愿失业"是"非自愿失业"的对称，是由英国资产阶级庸俗经济学家阿瑟·塞西尔·庇古提出的经济概念，指工人由于不接受现行的工资或比现行工资稍低的工资而出现的失业现象。非自愿性失业又称"需求不足的失业"，指工人愿意接受现行工资水平与工作条件，但仍找不到工作而形成的失业，是由英国经济学家凯恩斯在其著作《就业、利息和货币通论》中提出的概念。经济学家所关心的失业是"非自愿性失业"。在经济学家看来，非自愿性失业有以下几个基本类型：摩擦性失业、季节性失业、结构性失业、周期性失业等。失业在不同国家或一个国家的不同经济发展时期，其主导因素并不完全相同。

1. 摩擦性失业

摩擦性失业是人们在转换工作时、刚进入或离开后重新进入劳动力市场时所经历的短期失业，也称求职性失业。这种失业是由于经济运行中各种因素的变化和劳动力市场的功能缺陷所造成的临时性失业。在现实世界中，求职者找工作是需要时间和有一个过程的，即"准备简历——调查工作单位情况——投简历——等候反应——明智选择"等；同样，雇主也要花时间考察求职者的技能和资格，以决定是否录用，这样求职者想要适合自己的工作与得到工作之间的时间消耗就产生了失业。由于经济运行中就业信息不完备、劳动力市场功能不健全等诸多原因，社会上总是存在着大量摩擦性失业。摩擦性失业的特点是行业广且涉及人员多、失业期限较短，是一种正常性失业，与充分就业不矛盾，它只给那些受其影响的失业者带来不多的艰辛。

2. 季节性失业

季节性失业是与天气、劳动者的行为方式或其他季节性因素有关的失业，在农业、旅游业、建筑业中，这种失业最多。例如，我国北方大多数滑雪教练在每年的四五月份失去工作，每个冬天都有很多建筑工人被解雇。与摩擦性失业一样，季节性失业也是正常的、良性的、短期的，而且是完全可以预测的，失业人员通常会预先收到淡季失业补偿。这些失业是由生产时间性或季节性等客观条件或自然条件决定的，所以很难改变。

3. 结构性失业

结构性失业是由于经济结构变动使劳动力的供求不匹配所造成的失业。结构性失业在性质上是长期的,往往"失业与空位"并存。有时候,有很多可得的工作岗位,有很多失业者愿意得到这些工作岗位,但是找工作的人和雇主在技能或地域等方面并不匹配。例如,21世纪初,旧的夕阳产业被高新技术产业所替代,像计算机硬件和软件设计、人造卫星技术及通信方面有大量工作岗位,然而,很多失业者没有在这些产业中工作的技能,也没有受过这方面的培训,这就是他们具有的技能与所要求的技能不相适应。这种不适应也可能是地域性的,例如,我国北方存在大量的失业人员,而南方存在严重的"技工荒"。对结构性失业者来说,想就业就得重新在国内其他地方安家或学习新技能,结果要花费相当长的时间找工作,结构性失业经常持续几年甚至更长时间。

4. 周期性失业

周期性失业是指经济周期中的衰退或萧条期,因社会总需求不足而造成的失业。当经济进入衰退或萧条期,很多以前就业的人员失去了工作,而且很难再找到新工作。与此同时,工作岗位更少了,劳动力市场的新进入者在被雇用前必须花费比通常"摩擦性失业"更长的时间来找工作。周期性失业对于不同行业的影响是不同的,一般来说,需求收入弹性越大的行业,周期性失业的影响越严重。也就是说,人们收入下降,产品需求大幅度下降的行业,周期性失业情况比较严重。

(三) 失业的测算

1. 失业人数的测算

预计未来调查失业率将成为国家调控的主要目标。关于失业率的测算,各个国家使用的方法不完全一致。一定时期的就业水平是用失业率来衡量的。失业率是指正在寻找工作的劳动力占总劳动力的百分比。

通过失业率这个指标可以判断一定时期内全部劳动人口的就业情况。一直以来,失业率数字被视为一个反映整体经济状况的指标,而它又是每个月最先发表的经济数据。目前我国的失业率统计主要采用两种方法,即城镇登记失业率和调查失业率,对外发布的是城镇登记失业率。城镇登记失业率仅包括城镇劳动力中的登记失业人员,排除了国有企业下岗未就业人员和农村户口的失业人员,这种方法存在一定局限性。

2. 自然失业率与充分就业

前面分析失业类型中的摩擦性失业、结构性失业和季节性失业,都是由微观经济引起的。也就是说,它们归因于特殊产业和特殊劳动力市场的变化,而不是总体经济变化。这种失业是不能消除的,因为总是存在花些时间找新工作的情况,经济中总是有季节性产业、结构性变化。因此,它们也被统称为自然失业。自然失业人数与总劳动力人数的比率就是自然失业率,它是一个国家能够长期持续存在的最低失业率。当经济中不存在周期性失业时,所有失业都是摩擦性、结构性、季节性时,这样就可以认为经济达到了充分就业,充分就业时的失业率就是自然失业率,自然失业率是指经济社会在正常情况下的失业率。这就是说,充分就业并不是没有失业,充分就业时的失业率不是零,而是大于零的。

自然失业率在当代宏观经济学和就业经济学中是一个非常重要的概念。这个概念首先是由经济学家弗里德曼提出的。弗里德曼认为,劳动力市场存在一种长期的均衡失业率,即使在充分就业的状态下也难以消除。所以,有时自然失业率又被有些学者矛盾地称作"充分就业下的失业率"。当实际失业率等于自然失业率时,一国经济处于长期均衡状态,所有的经济资源都得到了充分利用,即实现了充分就业均衡,政府就不会采取有关措施来干预劳动市场的运行。

(四)失业的成本

失业是有成本的,失业的成本包括经济成本和非经济成本。

1. 经济成本

经济成本是指可以用货币测算的成本。失业者不能找到工作,不能生产,失去了产出的机会成本,其实质是劳动者不能与生产资料相结合创造社会财富,是一种经济资源的浪费。这个损失必须由社会来承担,具体体现在以下几方面。

第一,失业者的收入损失。对失业者个人来说,失业最明显的经济成本是就业收入损失。这部分就业收入损失由社会承担,如失业津贴、实物券或其他政府转移支付等,使失业者的收入损失部分得到补偿,但各国的经验表明,这些津贴要少于就业收入的损失,一般只相当于就业收入的50%~60%。

第二,失业者的人力资本损失。工作可以保持和提高劳动者的工作技能和工作态度,特别是技术迅速进步的今天,长期失业不仅会浪费现有的工作技能,还无法积累新的工作技能,从而会丧失在未来劳动力市场上的竞争力和生产力,进而丧失获得较高收入的机会。

第三,经济资源的浪费或产出的减少。对社会来说,失业的经济成本之一是资源的浪费或产出的减少。失业者如果不失业,或者说人力资源得到充分有效的利用,即在潜在就业量(指在现有激励条件下所有愿意工作的人都参加生产时所达到的就业量)的条件下,就可以增加产出,然而由于失业,产出减少了。国际上通常用GDP的缺口来反映这种损失,即GDP的缺口等于潜在的GDP减去实际的GDP。所谓潜在的 GDP，是指当非劳动力资源得到充分利用和劳动力处于充分就业状态时的 GDP 产出水平。

20 世纪 60 年代，经济学家阿瑟·奥肯根据美国大量的统计数据，提出了经济周期中失业变动与产出变动之间的经验关系，被称为奥肯定律。奥肯定律认为，失业率每高于自然失业率一个百分点，实际 GDP 将低于潜在 GDP 两个百分点。换一种方式说，相对于潜在 GDP，实际 GDP 每下降两个百分点，实际失业率就会比自然失业率上升一个百分点。西方学者认为，奥肯定律揭示了产品市场与劳动市场之间极为重要的关系，它描述了实际 GDP 的短期变动与失业率变动之间的联系。根据这个定律，可以通过失业率的变动推测或估计 GDP 的变动，也可以通过 GDP 的变动预测失业率的变动。例如，实际失业率为 8%，高于 6% 的自然失业率 2 个百分点，则实际 GDP 就将比潜在 GDP 低 4% 左右。

第四，消费需求减少。失业导致目前正常消费缩减以及对未来就业预期的悲观心理，导致居民消费倾向降低，储蓄倾向增强，消费需求不足。

2.非经济成本

非经济成本是指很难或不可能用货币测算的成本。这种成本虽然难以估计和测量，但人们很容易感受到。失业，特别是当它持续好几个月甚至是几年时，会严重影响人们的心理和生理状况。失业还阻碍了公平社会目标的实现。大多数人想要一个公平和公正的社会，有平等的机会改善自我，但人们并不是平等地承担失业的负担。在经济衰退中，不是所有人的工作时间都减少了，而是有些人被彻底解雇，其他人与从前几乎一样继续工作。而且，失业的负担不是在不同的人群中平等分担的。总之，失业是造成家庭和社会不稳定的因素之一。目前，失业问题已成为一个严重的全球性问题，波及多数国家和地区，各国政府纷纷采取各种有力的措施来整治和解决失业问题。

第二节　总需求与总供给

社会总需求与总供给是宏观经济运行过程中两个最主要的变量，保持社会总需求与总供给平衡是搞好宏观调控以及实现宏观调控目标的重要前提。

一、总需求

(一) 总需求的定义

总需求(AD)是指整个经济社会在每一价格水平上愿意购买的全部产品和劳务总量。在宏观经济分析中,总需求是指整个社会的有效需求,它不仅指整个社会对物品和劳务需求的愿望,而且指社会对这些物品和劳务的支付能力。社会总需求体现的是经济中不同经济实体的总支出:在封闭经济条件下,总需求由经济社会的消费需求、投资需求和政府购买需求构成;在开放经济条件下,总需求包括消费需求、投资需求、政府购买需求和净出口需求。

(二) 总需求曲线的定义与特征

所谓总需求函数,是指总需求水平和价格水平之间的关系。由于总需求水平就是总支出水平,而总支出又与总产出相等,所以,总需求函数描述了在每一个价格水平下,经济社会需要多高水平的总产出。在以价格水平为纵坐标、总产出水平为横坐标的坐标系中,总需求函数的几何表示称为总需求曲线。总需求曲线表示社会的需求总量和价格水平之间呈反方向变动的关系,即总需求曲线是向右下方倾斜的。向右下方倾斜的总需求曲线表示:价格水平越高,需求总量越小;价格水平越低,需求总量越大。

由于价格水平以外的其他因素的变化,如货币供给量、政府购买和税收等重要变量都会引起总需求曲线的平行移动。其他因素可归为两类:一是宏观经济政策变量,如货币政策(中央银行的供给量变化、其他金融政策手段等)和财政政策(政府采购、税收等);二是其他外部变量,如战争、外国经济活动等。当政府采购、自发性消费、净出口、货币供给增加或税收减少时,总需求曲线向右上方平行移动;当政府采购、自发性消费、净出口、货币供给减少或税收增加时,总需求曲线向左下方平行移动。

由于货币供给量、政府购买和税收都是重要的政策变量,因此,以上讨论暗含着政府运用政策干预经济的可能性。从上述分析可以看出,财政政策(政府采购、税收等)和货币政策(中央银行的供给量变化)都会引起总需求变化。

二、总供给

(一) 总供给的定义与影响因素

总供给（AS）是指整个经济社会在每一价格水平上所愿意提供的产品和劳务的总量。总供给描述了经济社会的基本资源用于生产时可能有的产出量。概括而言，一个社会的总供给是由该社会的生产要素和技术水平所决定的，其中，生产要素包括人力资源、自然资源和资本存量，而技术水平反映一个经济社会使用生产要素生产产品和提供服务的效率。

第一，人力资源。人力资源是由劳动力的数量和质量构成。在现实经济中，劳动力是整个经济中最重要的生产要素。从宏观经济分析的角度看，劳动力中的就业数量是由劳动市场决定的。劳动力的质量是指劳动生产率，它取决于劳动力的生产技能和社会的教育水平等因素。

第二，自然资源。自然资源包括土地、森林、矿产、海洋等一切可用于生产物品和提供服务的东西。一般每个国家所拥有的自然资源几乎都是固定不变的。

第三，资本存量。资本存量是指一个社会在某时点所拥有的厂房、机器、设备和其他形式的资本数量。资本存量是投资的结果。资本存量的规模取决于投资的大小和持续的时间。持续投资时间越长，资本存量的变化就越显著。换句话说，在一个较短的时间内，一个国家的资本存量不会发生太大的变化。

第四，技术水平。从抽象的意义上讲，技术水平是指投入和产出之间的转换关系。同微观经济分析一样，宏观经济分析也用生产函数来反映这种转换关系。

(二) 总供给曲线的定义与特征

在其他条件不变的情况下，在以价格为纵坐标、总产出为横坐标的坐标系中，对于每一个价格水平产生一个对应的产出水平，可以得出总供给曲线。总供给曲线区别于微观经济部分的供给曲线：微观经济学中的供给曲线是个别价格和个别产品供给量的对应关系，由于商品价格上涨，企业供给增加，曲线向右上方倾斜；而宏观经济分析的供给曲线是总供给曲线，是产出总量和对应的总价格水平之间的关系。

1. 总供给曲线的三种基本形式

目前，西方学者大都同意存在总供给曲线的说法。但是，对于总供给曲线的形状，有着不同的看法，认为在不同资源利用的情况下分析总供给时，可以得出不同总供给曲线的形状。

(1) 凯恩斯主义总供给曲线

凯恩斯主义认为,当社会上存在较为严重的失业时,如1929—1933年大危机时期,企业可以在现行工资水平之下得到他们所需要的任意数量的劳动力。仅把工资作为生产成本时,工资不变,生产成本不会随着产量的变动而变动,价格水平也就不会随产量的变动而变动,生产者愿意在现行价格水平条件下供给任意数量的产品。

隐含在凯恩斯总供给曲线背后的思想是:由于存在着失业,企业可以在现行工资水平下获得他们需要的任意数量的劳动力,他们生产的平均成本因此被假定为不随产量水平的变化而变化。这样,在现行价格水平上,企业愿意提供任意所需求的产品数量。

(2) 短期的总供给曲线

水平的总供给曲线和垂直的总供给曲线都被认为是极端的情形,短期的总供给曲线也称正常的总供给曲线。很多西方经济学家认为,现实的总供给曲线在短期更多地表现为向右上方倾斜的曲线。经济中的总产出只不过是所有不同行业产出的总和,因此,总供给曲线可以通过加总市场上每一行业的供给曲线得到。总供给水平与价格水平呈同方向变动。当产出量增加时,企业会使用更多的劳动力、资本、土地等,使生产成本上升,从而使价格总水平上升;反之则相反。

(3) 长期总供给曲线

如果说凯恩斯的总供给曲线显示的是一种极端情形,那么长期的总供给曲线是另外一种极端情形,长期总供给曲线也被称为古典总供给曲线。该曲线显示,人类所拥有的资源总是有限的,当资源已经得到充分利用时,经济中实现了充分就业,由于按一定工资水平愿意就业的劳动力都已就业,产量无法再扩大,这时如果总需求持续扩张,只能导致物价水平的上升。此时,总供给曲线是一条与价格水平无关的垂直线。

2. 总供给曲线的移动

与总需求曲线的移动相比,使总供给曲线移动的因素相对来说比较复杂:当产出变化引起价格水平变动时,沿着总供给曲线上做点的移动,当产出以外的其他因素变化引起价格水平变动时,总供给曲线本身平行移动。

产出以外的其他因素是指技术变动、工资率变化、生产能力、自然和人为的灾祸等。技术进步意味着现在用较少的投入能够生产出与以前同样多的产出。换句话说,技术进步导致了宏观生产函数的变化。因此,技术进步通常使总供给曲线向右移动。工资较低时,对于任何给定的价格水平,厂商都愿意供给更多的产品,故降低工资将使供给曲线向右移动。一般而言,随着经济中企业设备投资的增加,经济的生产能力增加,这会使总供给曲线向右移动。地震或战争期间的轰炸会极大地减少经济中资本存量的数量,其结果是,任何数量的劳动能够生产的产出数量都减少,从而导致总供给曲线向左移动。

3. 总供给曲线移动的效应

(1) 短期总供给曲线移动的效应

总需求曲线不动,短期总供给的变动会引起短期总供给曲线向左上或向右下移动,从而会使均衡的国民收入和价格水平发生变动。如果成本上升,短期总供给减少,短期总供给曲线向左上移动,会使均衡国民收入减少,价格水平上升;如果成本降低,短期总供给曲线向右下移动,会使均衡国民收入增加,价格水平下降。

(2) 长期总供给曲线移动的效应

长期总供给也就是充分就业的总供给,即充分就业国民收入或潜在国民收入。随着潜在国民收入的变动,长期总供给曲线会发生移动。正常情况下,长期总供给曲线随经济增长而向右平行移动。如果发生自然灾害或战争,一个社会的经济生产能力被破坏,长期总供给曲线也会向左移动。如果长期总供给曲线向右移动,就可以实现更高水平的充分就业均衡,而不引起通货膨胀。

第三节　通货膨胀与经济周期

通货膨胀是指在纸币流通条件下,因货币供给大于货币实际需求,导致货币贬值,从而引起的一段时间内物价水平持续而普遍上涨的经济现象,其实质是社会总需求大于社会总供给。通货膨胀程度是用通货膨胀率来衡量的,通货膨胀率是用百分比形式测算价格水平的变化程度。在实际工作中,一般不直接也不可能测算通货膨胀率,而是通过消费者价格指数(CPI)、生产者价格指数(PPI)和 GDP 折算指数来间接表示。

从世界各国经济的发展历史来看,经济增长并不总是沿直线上升,而是在上升过程中不断地呈现非线性波动,这种经济活动的上下波动,总是呈现周期性的特征。

一、通货膨胀

(一) 通货膨胀的类型

通货膨胀的产生必须具备两个条件:一是纸币流通和物价总体水平的持续上涨。资源短缺、商品质量提高等原因引起的物价上涨,不能理解为通货膨胀,必须是纸币发行量超过了宏观经济的实际需要量，才能称为通货膨胀。二是必须是大部分商品的价格在一段时间内持续地上涨。局部或个别产品的价格上涨以及季节性、偶然性和暂时性的价格上涨，不能认为是通货膨胀。通货膨胀的类型根据不同的分类方式可以分为多种。

1. 按价格上升的速度分类

按价格上升的速度，通货膨胀可以分为以下3种：

第一，温和的通货膨胀。这是指年物价水平上升速率在10%以内，也称爬行式的通货膨胀，它的特点是价格上涨缓慢并且可以预测，是始终比较稳定的一种通货膨胀。实际上许多国家都存在这种通货膨胀，此时物价相对来讲比较稳定，人们对货币比较信任，乐于持有货币。许多经济学家认为这种温和而缓慢上升的价格对经济的增长有积极的刺激作用。

第二，奔腾的通货膨胀。奔腾的通货膨胀也称为疾驰的或飞奔的通货膨胀、急剧的通货膨胀。它是一种不稳定的、迅速恶化的、加速的通货膨胀。在这种通货膨胀发生时，年物价水平上升速率在10%~100%，人们对货币的信心产生动摇，公众预期价格还会进一步上涨，此时需要采取各种手段减少损失，否则随着通货膨胀更为加剧，经济社会将产生动荡，所以这是一种较危险的通货膨胀。

第三，恶性通货膨胀。在经济学上，恶性通货膨胀是一种不能控制的通货膨胀，在物价很快上涨的情况下，货币失去价值。恶性通货膨胀没有一个普遍公认的标准界定，一般认为年物价水平上升速率超过了100%即为恶性通货膨胀。发生这种通货膨胀时，价格持续猛涨，货币购买力急剧下降，人们对货币完全失去信任，以致货币体系和价格体系最后完全崩溃，甚至出现社会动乱。产生这种通货膨胀的原因是货币供给的过度增长。

2. 按照对不同商品的价格影响分类

按照对不同商品的价格影响，通货膨胀可以分为以下两种：①平衡的通货膨胀。即每种商品的价格都按相同的比例上升。②非平衡的通货膨胀。即各种商品价格上升的比例并不完全相同。

3. 按照人们的预期程度分类

按照人们的预期程度，通货膨胀也可以分为两种：①未预期的通货膨胀。即人们没有预料到价格会上涨，或者是价格上涨的速度超过了人们的预计。②预期的通货膨胀，即人们预料到价格会上涨。

(二) 通货膨胀的成因

通货膨胀是现代经济社会中常见的一种经济现象，其产生的原因是多方面的，但一般可归纳为3类：

1. 需求拉动

需求拉动的通货膨胀，又称过度需求通货膨胀，是指由于总需求的增加超过了总供给而引起的价格水平持续、显著上涨的经济现象。因为总需求是和货币供给量联系在一起的，所以需求拉动的通货膨胀又被解释为过多的货币追逐过少的商品。

需求拉动型通货膨胀还可能由货币因素引起。经济学意义上的需求都是指有支付能力的需求。上述实际因素引起的过度需求虽然最初在非金融部门中产生，但如果没有一定的货币量增长为基础，就不可能形成有支付能力的需求，换言之，过度的需求必然表现为过度的货币需求。

2. 成本推动

成本推动的通货膨胀理论与需求拉动的通货膨胀理论的出发点正好相反，它是从总供给而不是从总需求的角度出发，假设在不存在过度需求的情况下，由于供给方面成本的提高所引起的价格水平持续、显著上升的一种经济现象。

引起成本增加的原因有3个方面：①工资成本推动的通货膨胀。许多经济学家认为，工资是成本中的主要部分。工资的提高会使生产成本增加，从而使价格水平上升。②利润推动的通货膨胀。西方的经济学者认为，工资推动和利润推动实际上都是操纵价格的上升，其根源在于经济中的垄断，即工会的垄断形成工资推动，厂商的垄断引起利润推动。③原材料成本推动的通货膨胀。如石油价格的上升，或者是某种进口原材料价格的上升等。

3. 结构失调

结构失调是指在没有需求拉动和成本推动的情况下，只是由于经济结构、部门结构失调引致的物价总水平持续上涨的现象。导致结构性通货膨胀的根源是国民经济各部门的经济结构存在很大差异，如劳动生产率提高快慢不同、所处的经济发展阶段不同、对外开放程度不同等。但是，货币工资的增长速度通常是由生产率较高的部门、处于发展上升阶段的部门和开放度较高的部门决定的。在追求工资均等化和公平原则的压力下，在劳动市场竞争的作用下，那些劳动生产率较低的部门、发展缓慢处在衰退阶段的部门和非开放的部门，其工资的增长速度会向生产率提高较快、正处于上升期和开放度高的先进部门看齐，使整个社会的货币工资增长速度具有同步增长的趋势。这样势必会导致全社会的工资增长率高于社会劳动生产率的平均增长率，这必然会导致价格水平的普遍上涨，从而引发通货膨胀，这种通货膨胀就是结构性通货膨胀。

(三) 通货膨胀的成本

通货膨胀是一种货币现象，是每一个国家政府、经济学家和普通百姓都关注的问题，高的通货膨胀率的确给整个社会及其社会成员带来一系列问题，向整个社会及其社会成员征收成本。经济学家们总结出了几种通货膨胀的成本。

1. 通货膨胀的再分配成本

再分配成本是指通货膨胀在全社会范围内对真实收入进行重新分配，包括两个方面：①通货膨胀降低固定支付方的支付成本，损害了固定收入方的购买力。对于固定收入方来说，其收入为固定的名义货币数额，物价上涨后，他们的名义收入不变，即收入不能随通货膨胀率变动，但他们真实的购买力下降，其生活水平必然下降。而对于支付方来说，支付的实际支付成本自然比通货膨胀前低，这样通货膨胀就把真实的购买力从收入方转移到了支付方。②通货膨胀造成财富在债务人和债权人之间的财富再分配。

2. 通货膨胀的资源成本

通货膨胀的资源成本是指人们为了应付通货膨胀，被迫在日常生活中耗费额外的时间和资源，支付了机会成本，因为原本人们可以用这些时间和资源进行其他活动。资源成本包括以下4个方面。

第一，"皮鞋成本"。它是指人们为减少货币持有量所付出的成本。由于通货膨胀降低了货币的实际价值，为避免损失，人们一般会减少持有货币，可能会更多地跑去银行，把持有的现金放入高利息的银行账户，或者把现金变换为实物。在这些过程中，磨损了鞋底，这就是"皮鞋成本"的最初来源。可是，更重要的成本是人们在这个过程中牺牲了时间和精力，这原本可使人们做更多有意义的事情。初看起来"皮鞋成本"是微不足道的，但是在高通货膨胀时，这将是一个严重的社会问题。

第二，"菜单成本"。它包括印刷新清单和目录的成本，把这些新的价格表送给中间商和顾客的成本，为新价格做广告的成本，以及改变价格对市场影响的不确定造成的风险成本，甚至包括处理顾客对新价格抱怨的成本。这期间不仅消耗时间，还消耗纸张、油墨、打印机等。

第三，资源配置不当。市场经济依靠价格机制来配置资源，企业依据价格制定其经营策略，消费者依据各种商品和服务的质量和相对价格来比较购物。如果发生通货膨胀，人们往往没有足够的时间和能力来判断是绝对价格的上升还是相对价格的上涨，其结果是：生产者和消费者都可能出现决策失误，造成资源浪费。

第四，税收负担扭曲。许多国家实行累进税率，税收具有稳定性、固定性，如果发生通货膨胀，为维持不变的实际工资，根据预期调整劳动者的名义工资水平，而名义工资的增加使纳税人进入了更高的纳税等级,使得税后的实际工资反而减少了。又如,银行付给储户的利息是名义利息,发生通货膨胀时,名义利息会低于实际利息。而利息税是按照名义利息来征收,结果储户多纳税。因此,通货膨胀扭曲了所征收的税收。

总之,通货膨胀会引起一系列问题,社会要为此付出一定的代价,恶性通货膨胀还可能造成政治的动荡。

(四)通货膨胀的治理

通货膨胀会引起一系列问题,影响经济的正常发展,所以许多国家重视对通货膨胀的治理。在宏观经济分析中,主要用衰退来降低通货膨胀和收入政策等来治理通货膨胀。

1.用衰退来降低通货膨胀

这种方法主要针对需求拉上的通货膨胀。需求拉上的通货膨胀是总需求超过总供给产生的,因此,要治理这种通货膨胀,调节和控制社会总需求是关键。有效途径是采取紧缩的财政政策和货币政策。在财政政策方面,通过紧缩财政支出,增加税收,实现预算平衡,减少财政赤字;在货币政策方面,主要是紧缩信贷,控制货币投放,减少货币供应量。

财政政策和货币政策相配合,综合治理通货膨胀,其重要途径就是通过控制固定资产投资规模和消费基金过快增长来实现控制社会总需求的目的。但这种政策会导致投资减少,产出回落,其代价是经济衰退。

2.其他降低通货膨胀的方法

第一,收入政策。收入政策主要是针对成本推动的通货膨胀,因为成本推动的通货膨胀来自供给方面,由于成本提高,特别是工资的提高,引起价格水平的上涨。收入政策又称为工资物价管制政策,是指政府制定一套关于物价和工资的行为准则,由劳资双方共同遵守。目的在于限制物价和工资的上涨,以降低通货膨胀率,同时又不造成大规模的失业。具体可以采用3种形式:确定工资、物价指导线以限制工资物价的上升;管制或冻结工资措施;政府以税收作为奖励和惩罚的手段来遏制工资、物价的增长。

第二,控制货币供应量。通货膨胀是纸币流通条件下的一种货币现象,这种现象产生的最直接的原因就是流通中的货币量过多,所以各国在治理通货膨胀时所采取的一个重要对策就是控制货币供应量,使之与货币需求量相适应,减轻货币贬值和通货膨胀带来的压力。

第三,增加商品的有效供给,调整经济结构。治理通货膨胀时,如果单方面控制总需求而不增加总供给，将严重牺牲经济增长，这样治理通货膨胀所付出的代价太大。因此，在控制需求的同时，必须增加商品的有效供给。一般来说，增加有效供给的主要手段是降低成本，减少消耗，提高经济效益，提高投入产出的比例，同时，调整产业和产品结构，支持短缺商品的生产。治理通货膨胀的其他政策还包括限价、减税、指数化等措施。

二、经济周期

经济周期（又称商业循环）是指经济活动沿着经济发展的总体趋势所经历的有规律的扩张和收缩。

（一）经济周期的阶段和类型

1. 经济周期的4个阶段

经济周期波动一般是在经济运行过程中交替出现扩张和收缩、繁荣和萧条、高涨和衰退的现象。根据经济活动在扩张和收缩阶段的程度不同，经济学家熊彼特将经济周期分为繁荣期、衰退期、萧条期和复苏期4个阶段。

经济周期的4个阶段具有如下特点：

第一，繁荣阶段（高涨阶段）。在这一阶段，生产迅速增加，投资增加，信用扩张，价格水平上升，就业机会增加，公众对未来乐观。就业与产量水平达到最高时，经济就开始进入衰退阶段。

第二，衰退阶段（危机阶段）。在这一阶段，当消费增长放慢，投资减少时，经济就会开始下滑，生产急剧减少，信用紧缩，价格水平下降，企业破产倒闭，失业人数急剧增加，公众对未来悲观。

第三，萧条阶段。在这一阶段，生产、投资、价格水平等不再继续下降，失业人数也不再增加。这是国民收入与经济活动低于正常水平的一个阶段，即在低水平上徘徊向前。但这时由于存货减少，商品价格、股票价格开始回升，公众的情绪由悲观逐渐转为乐观。

第四，复苏阶段（恢复阶段）。在这一阶段，经济开始从低谷全面回升，投资不断增加，商品价格水平、股票价格、利息率等逐渐上升，信用逐渐活跃，就业人数也在逐渐增加，公众的情绪逐渐高涨。当产量或产值等相关经济指标恢复到衰退前的最高水平时，就进入新一轮的繁荣阶段。

上述各阶段的经济特征在每个阶段可能全部出现，也可能部分出现，其严重的程度也会因波动幅度的大小和波动的剧烈程度而有所不同。这些特征通常是市场经济条件下的表现，而在传统的计划经济体制中则可能有所不同。例如在低谷时期，产品不是表现为过剩而是表现为短缺，通货膨胀和通货紧缩也不一定以价格持续上升和持续下降的形式表现出来。

2. 经济周期的类型

按照周期波动的时间长短不同，经济的周期性波动一般有3种类型，即短周期、中周期和长周期。短周期又称短波或小循环，它的平均长度约为40个月，这是由经济学家基钦提出来的，因此又称基钦周期。中周期又称中波或大循环，每个周期的平均长度为8~10年，这是由经济学家朱格拉提出来的，因此又称朱格拉周期。长周期又称长波循环，每个周期的平均长度为50~60年，这是由经济学家康德拉耶夫提出来的，因此又称康德拉耶夫周期。在现实生活中，对经济运行影响较大且较为明显的是中周期，人们最关注的也是中周期，经济学和国内外经济文献中所提到的经济周期或商业循环大都也是指中周期。

按照一国经济总量绝对下降或相对下降的不同情况，经济周期可分为古典型周期和增长型周期。如果一国经济运行处在低谷时的经济增长为负增长，即经济总量绝对减少，通常将其称为古典型周期；如果处在低谷时的经济增长为正增长，即经济总量只是相对减少而非绝对减少，则为增长型周期。

(二) 经济周期的成因

经济周期是各宏观经济变量波动的综合反映。经济周期的成因是极为复杂的、多方面的，西方经济学家们很早就关注宏观经济繁荣与衰退交替出现的经济周期现象，并且在经济学发展历程中提出了不同的理论。

1. 外生经济周期理论

外生经济周期理论认为，经济周期的根源在于经济制度之外的某些事物的波动，如战争、革命、政治事件、选举、石油价格上涨、发现新能源、移民、科技发明和技术创新，甚至太阳黑子活动和气候等。外生经济周期理论主要包括太阳黑子周期理论、创新周期理论和政治周期理论等。

(1) 太阳黑子周期理论

太阳黑子周期理论是由经济学家杰文斯父子提出并加以论证的。太阳黑子周期理论认为，太阳黑子周期性地造成恶劣气候，使农业收成不好，而农业生产的状况又会影响到工商业，从而使整个经济周期性地出现衰退。

(2) 创新周期理论

创新周期理论是由经济学家熊彼特提出来的。熊彼特对经济周期的解释是：建立在创新基础上的投资活动是不断反复发生的，而经济正是通过这种不断反复发生的投资活动来运转的。但这个过程基本上是不平衡的、不连续的，并且是不和谐的。

熊彼特理论的核心有3个变化过程——发明、创新和模仿。

(3) 政治周期理论

政治周期理论认为，政府交替执行扩张性政策和紧缩性政策的结果造成了扩张和衰退的交替出现。政府企图保持经济稳定，实际上却在制造不稳定。为了充分就业，政府实行扩张性财政和货币政策。但是，在政治上，财政赤字和通货膨胀会遭到反对。于是，政府不得不转而实行紧缩性政策，这就人为地制造了经济衰退。这是政府干预经济所造成的新型经济周期，其原因在于充分就业和价格水平稳定之间存在着矛盾。

2. 内生经济周期理论

内生经济周期理论在经济体系之内寻找经济周期自发运动的因素。这种理论并不否认外生因素对经济的冲击作用，但它强调经济中这种周期性的波动是经济体系内的因素引起的。内生经济周期理论主要有以下几个：

(1) 纯货币理论

纯货币理论是由经济学家霍特里提出的。这种理论认为，经济周期纯粹是一种货币现象，货币数量的增减是经济发生波动的唯一原因。所有具有现代银行体系的国家，其货币供给都是有弹性的，可以膨胀和收缩。经济周期波动是银行体系交替扩张和紧缩信用造成的。当银行体系降低利率、放宽信贷时，就会引起生产的扩张与收入的增加，这就会进一步促进信用扩大。但是信用不能无限地扩大，当高涨阶段后期银行体系被迫紧缩信用时，又会引起生产下降，爆发危机，并继而出现累积性衰退。即使没有其他原因存在，货币供给的变动也足以形成经济周期。

(2) 投资过度理论

投资过度理论最先始于俄国的杜冈·巴拉诺夫斯基和德国的施皮特霍夫，其后的主要代表者有瑞典学者卡塞尔和维克塞尔。这种理论主要强调了经济周期的根源在于生产结构的不平衡，尤其是资本品和消费品生产之间的不平衡。人们把当期收入分成储蓄和消费两部分。消费部分直接购买消费品，储蓄的部分则进入资本市场，通过银行、保险公司、证券等各种金融机构到达各企业经营者手中，被投入资本品购买和生产，这一过程就是投资。如果利率政策有利于投资，则投资的增加首先引起对资本品需求的增加以及资本品价格的上升，这样就更加刺激了投资的增加，形成了繁荣。但是这种资本品生产的增长要以消费品生产的下降为代价，从而导致生产结构的失调。经济扩张发展到一定程度之后，整个生产结构已处于严重的失衡状态，于是经济衰退就不可避免地发生了。

(3) 消费不足理论

消费不足理论一直被用来解释经济周期的收缩阶段，即衰退或萧条的重复发生。

这种理论把萧条产生的原因归结为消费不足，认为经济中出现萧条是因为社会对消费品的需求赶不上消费品的增长，而消费需求不足又引起资本品需求不足，进而使整个经济出现生产过剩危机。强调消费不足是由于人们过度储蓄而对消费品的需求大大减少。消费不足理论的一个重要结论是，一个国家生产力的增长率应当同消费者收入的增长率保持一致，以保证人们能购买那些将要生产出来的更多的商品。这一思想对于当今西方国家的财政、货币政策仍然有影响。

(4) 心理周期理论

这种理论强调心理周期预期对经济周期各个阶段形成的决定作用。在经济周期的扩张阶段，人们受盲目乐观情绪支配，往往过高估计产品的需求、价格和利润，而生产成本，包括工资和利息则往往被低估了。并且人们之间存在着一种互相影响决策的倾向，如某企业经营者因对未来的乐观预测，会增加他（她）对有关的货物和服务的需求，于是带动其他企业经营者也相应增加需求，从而导致了过多的投资。根据心理周期理论，经济周期扩张阶段的持续期间和强度取决于酝酿期间的长短，即决定生产到新产品投入市场所需的时间。当这种过度乐观的情绪所造成的错误在酝酿期结束时显现出来后，扩张就到了尽头，衰退就开始了。这时，企业经营者认识到他们对形势的预测是错误的，乐观开始让位于悲观。随着经济转而向下滑动，悲观而导致的失误产生并蔓延，导致萧条。

(5) 乘数—加速数相互作用原理

诺贝尔经济学奖获得者、经济学家保罗·萨缪尔森用乘数—加速数相互作用原理来说明经济周期，成为现代经济周期理论的代表之作。投资的增加或减少能够引起国民收入倍数扩张或收缩，且呈同方向变化，即乘数原理；同时，国民收入的增加或减少又会反作用于投资，使投资的增长或减少快于国民收入的增长或减少，这是加速原理。可见，投资影响国民收入，国民收入影响投资，二者互为因果，导致国民经济周期性波动。

经济周期波动的原因有很多，归根结底都是总需求与总供给的不一致。两者不一致的情况多通过总需求作用于经济运行过程。在短期内，当总需求持续增加时，经济运行便可能进入景气上升阶段。当总需求的持续增加致使经济活动水平高于由总供给所决定的趋势线，从而使经济运行进入繁荣阶段时，就可能出现经济过热和通货膨胀，这时的总需求大于总供给。反之，当总需求持续收缩时，经济运行就可能进入景气下降阶段。当总需求的持续收缩致使经济活动水平跌到趋势线的下方，从而使经济运行进入萧条阶段时，就会出现经济过冷和严重失业，此时总需求小于总供给。因此，总需求与总供给的不一致，是经济周期波动的直接原因。

(三) 经济周期的预测指标

预测宏观经济走强还是衰退，是决定资产配置决策的重要因素。如果预测与市场的看法不一致，就会对投资策略产生很大的影响。经济周期具有循环特征，所以在某种程度上周期是可以预测的。为了预测和判别经济的波动，可以运用各种指标来进行分析。这些指标具有与经济周期平行变化的一致性，因此能够反映出总体经济活动的转折点与周期波动的特点。这些指标按照与经济周期变动先后之间的关系，可分为三类，分别是先行指标、同步指标和滞后指标。

1. 先行指标

先行指标是指那些在经济活动中预先上升或下降的经济指标。这一组指标主要与经济未来的生产和就业需求有关，主要包括货币供给量、股票价格指数、生产工人平均工作时数、房屋建筑许可的批准数量、机器和设备订货单的数量以及消费者预期指数等。

先行指标对经济周期波动较为敏感。因此，可以先于其他经济指标反映出短期的、不稳定的波动。许多先行指标都显现下降趋势时，预示着衰退将会来临；反之，许多先行指标都显现上升趋势时，预示着经济扩张即将来临。

2. 同步指标

同步指标是指那些与经济活动同步变化的经济指标。这组指标到达峰顶与谷底的时间几乎与经济周期相同，既不超前又不落后，而是与总体经济周期变动几乎一致。主要的同步指标包括国内生产总值、工业生产指数、个人收入、非农业在职人员总数以及制造业和贸易销售额等。

同步指标可以用来验证预测的准确性。如果在先行指标已经下降的情况下，同步指标也在下降，人们就有把握相信衰退已经来临；如果先行指标已经下降了，而同步指标并没有下降，那么就要考虑先行指标是否受到了某些干扰，经济是否真正进入了衰退阶段。

3. 滞后指标

滞后指标是指那些滞后于经济活动变化的经济指标。这些指标的峰顶与谷底总是在经济周期的峰顶与谷底之后出现。这些指标主要包括生产成本、物价指数、失业的平均期限、商业与工业贷款的未偿付余额、制造与贸易库存与销售量的比率等。滞后指标反映了经济波动的程度，也可以用来验证预测的准确性。

在运用先行指标、同步指标和滞后指标进行经济周期预测时，还要综合考虑其他的信息工具。只有结合经验判断，对经济现象进行观察，对各种指标的当前状况进行解释，才能得到较好的预测效果。

(四) 经济周期波动的对比分析

1. 波动的幅度

波动的幅度是指每个周期内经济增长率上下波动的差，表明每个经济周期内经济增长高低起伏的剧烈程度，其最直接、最直观的计算方法是计算每个周期内经济增长率峰顶与谷底的落差。根据落差的大小，将波动分为3种类型：落差大于或等于10个百分点的为强幅型；落差大于或等于5个百分点、而小于10个百分点的为中幅型；落差小于5个百分点的为低幅型。

2. 波动的高度

波动的高度是指每个周期内峰顶年份的经济增长率，它表明每个周期经济扩张的强度，反映经济增长力的强弱。根据各周期峰顶年份经济增长率的高低，可以分为3种类型，即峰顶年份经济增长率大于或等于15%的高峰型、峰顶年份经济增长率小于10%的低峰型和处于二者之间的中峰型。

3. 波动的深度

波动的深度是指每个周期内谷底年份的经济增长率，它表明每个经济周期收缩的力度。按谷底年份经济增长率的正负，可以分为古典型和增长型，即谷底年份经济增长率为负的古典型和为正的增长型。

4. 波动的平均位势

波动的平均位势是指每个周期内各年度平均的经济增长率。

5. 波动的扩张长度

波动的扩张长度是指每个周期内扩张的时间长度，它表明每个周期内经济扩张的持续性。改革开放后，我国经济的平均扩张长度比改革开放前延长了，表明我国经济的增长由短扩张型向长扩张型转变，扩张期有了更强的持续性。

(五) 经济周期与行业投资策略

结合经济周期的不同阶段确定相应的行业投资策略，是规避投资风险、稳定投资收益非常有效的途径。结合经济周期性的波动，选择行业投资策略的关键在于依据对经济周期各阶段的预测：当对经济前景持乐观态度时，选择周期型行业，以获取更大的回报率；而当对经济前景持悲观态度时，选择投资防守型行业以稳定投资收益，同时，选择一些增长型的行业加以投资。

第五章　人力资源管理创新

第一节　创新概述

对于创新，人们的理解是多层面的。创新已经走进千家万户，如果深入考究就会发现，学者对于它的理解是不尽相同的。

一、经济学家观点

创新的原动力与终极目的均体现在经济层面，所以首先须了解经济学家对创新的看法。

创新最初是由奥地利著名政治经济学家熊彼特提出的，他从生产要素替代的角度将创新的含义阐述为：在工业组织中引进新的要素或将新要素与旧要素进行组合。其中，新要素包括产品或产品质量、生产方式方法、市场、供应源、产业组织形式等方面创新的发现、引进与组合。需要指出的是，他把管理创新与技术创新等同起来进行讨论，从而有效扩大了创新的研究范围，为企业如何获得并保持竞争力奠定了坚实的研究基石。根据熊彼特的理论，创新是指"建立新概念—形成生产力—成功进入市场"的过程，企业的创新行为包括寻找新项目、新生产方法、新市场、新原料来源和新产业组织。创新就是创造新产品，并实现其市场价值。熊彼特对创新的定义是开辟性的，对后人的影响是深远的，他本人也由此被称为"创新之父"。

技术创新的新熊彼特学派以曼斯菲尔德、卡曼等人为代表，该学派坚持熊彼特创新理论的传统，强调技术创新和技术进步在经济发展中的核心作用，认为企业家是推动创新的主体，侧重研究企业的组织行为、市场结构等因素对技术创新的影响，提出了技术创新扩散、企业家创新和创新周期等模型。通过对技术创新与市场结构关系的实证分析和深入研究，新熊彼特学派认为，当市场结构处于完全竞争与完全垄断之间，即垄断竞争和寡头垄断状态时，由于存在一定程度的垄断，又存在一定程度的竞争，该市场结构最有可能促进技术创新，而且可能出现重大的技术创新。

技术创新的制度创新学派以兰斯·戴维斯和道格拉斯·诺斯等人为代表。该学派利用新古典经济学理论中的一般静态均衡和比较静态均衡方法，对技术创新的外部环境进行了制度分析。该学派认为,由于技术创新活动存在个人收益与社会收益的巨大差距,改进技术的持续努力只有通过建立一个能维持人们创新的产权制度,提高个人收益才会出现。制度创新决定技术创新,好的制度设计会促进技术创新,不好的制度设计将遏制技术创新或阻碍创新效率的提高。同时,制度创新学派在充分肯定制度创新对技术创新的决定性作用时,也并不否定技术创新对改变制度安排的收益和成本的普遍影响,认为技术创新不仅可以增加因制度安排而改变的潜在利润,也可以降低某些制度安排的操作成本,从而使建立更为复杂的经济组织和股份公司变得有利可图。

技术创新的国家创新系统学派以英国学者克里斯托夫·弗里曼、美国学者理查德·R.纳尔逊等人为代表,该学派通过对日本、美国等国家或地区创新活动特征的实证分析,认为技术创新不是企业家的功劳,也不是企业的孤立行为,而是由国家创新系统推动的。国家创新系统是参与和影响创新资源的配置及其利用效率的行为主体、关系网络和运行机制的综合体系。在这个系统中,企业和其他组织等创新主体通过国家制度的安排及其相互作用,推动知识的创新、引进、扩散和应用,使整个国家的技术创新取得更好的绩效。国家创新系统理论侧重分析技术创新与国家经济发展实绩的关系,强调国家专有因素对技术创新的影响,认为国家创新体系是政府企业、大学研究机构、中介机构等为寻求一系列共同的社会经济目标而建立起来的,并将创新作为国家变革和发展的关键动力系统。由此,弗里曼提出了技术创新的国家创新系统理论,将创新主体的激励机制与外部环境条件有机地结合起来,并相继发展了区域创新、产业集群创新等概念和分支理论。

二、管理学家观点

由管理学大师彼得·德鲁克启动的知识管理理论更多地涉及了利用知识以实现创新。德鲁克认为,系统的创新即追踪创新机遇的七大来源。前四大来源存在于企业内部,它们是:①意外之事——意外的成功、意外的失败、意外的外在事件;②不一致之事,即现实与设想或推测的不一致;③基于程序需要的创新;④每一个人都未注意的工业结构或市场结构的变化。后三种来源涉及企业或工业外部的变化:①人口统计数据(人口变化);②认知、情绪及意义上的变化;③新知识,包括科学和非科学的。每一个来源都有自己的独特属性,因此,这七项来源需要单独进行分析。然而,没有哪一个来源天生比其他来源更重要或更具生产力。重大的创新可能来自对变化征兆的分析,也可能来自伟大的科学突破所带来的新知识的广泛应用。但是,这些来源的讨论顺序并不是随意的。它们按照可靠性和可预测性的程度,由高到低排列。与普遍认识相反的是,新知识——特别是新科学知识,不是成功的创新最可靠或最可预测的来源。虽然科学创新非常引人注目,但它实际上是最不可靠和最不可预测的。相反地,对隐性变化征兆,如对意外成功或意外失败的平庸且无吸引力的分析,其风险性和不确定性是相当低的。一般来说,从这里产生的创新能够在最短的时间内,从创建企业时起预测到结果,不管是成功还是失败。创新的模式并非固定不变的,它可能来自灵光闪现,也可能是出于机遇与巧合。

德鲁克的观点貌似无章可循,但细加体味,可为创新的激发与诱导研究提供技术上的指导。成功的企业家不会坐等"缪斯的垂青",赐予他们一个"好主意"。抱有大而空、急于求成想法的企业家注定要失败,因为他们大多数都会干错事、走错路。一个看似伟大的创新结果可能除了技术精湛外什么也不是,而一个中等水平的创新反而可能演变成惊人且获利颇丰的事业。

随着知识管理研究近年来大行其道,学者们尝试从技术层面上对创新与创造加以固化。挪威学者韦格认为,创新可以通过个人的理智与分析来扩展先前的知识,也可以借实验和探险来试错,而学习是取得与创造新知识的最佳方式。韦格认为既存的知识由一部分(来源)转移到另一部分(接受者)就是学习。接受者可以是个人、组织或机器,来源可以是另一个人、一台机器、一本书或其他符号化的外显知识,也可以是提供学习机会的情境。韦格所认为的包含所有可激发组织产生智能性的行动与观点之概念性架构需具备三大要素:①探索知识及其适切性;②发现知识的价值;③灵活地管理与运用知识。他又指出知识管理的基础有四个范畴:①知识的创造;②知识的显示;③知识的利用;④知识的转化。

三、社会学家观点

根据涂尔干的社会学理论,创新首先发生在微观层面,如个体公司中。不同的微观创新组成一个更大的社会创新环境,并且还会得到新的宏观因素的补充。微观的创新会形成凝聚力较强的国家创新系统,国家又能从政策的层面来影响创新过程。因此,这些宏观的结构和环境反过来影响了个体公司,而企业内部的创新过程也会受到社会结构的影响。这就是宏观和微观创新过程之间的关系。企业受此规律支配的同时,可以将该观点应用于内部子系统,并作为调节企业层面与员工个体层面创新的理论支持。

综观创新研究现状可以看出:研究与现代企业管理理论的结合已经显示出诱人的前景,但深入的探讨,尤其是探讨如何以创新理论指导企业的人力资源管理工作方面仍显不足。

四、创新思维扼要

朴素的创新理论,旨在追求将至繁的创新成果表述为至简的思维模式。

(一) 加

在进行某种创造性活动的过程中,可以考虑在该事物上还可以添加什么。把这件事物加长、加高、加厚、加宽一点行不行?或者将原物品在形状上、尺寸上、功能上进行"异化"与"更新",以求实现创新的可能。例如,伽利略发明的第一架天文望远镜就是"加"的典型例子。欧洲有一个磨镜片的工人,一次,他偶然把一块凸透镜与一块凹透镜叠加在一起,透过这两块镜片向远处一看,他惊讶地发现远处的景物可以移到眼前来。这个发现后来被科学家伽利略知道了,他对这个无意之中"加"而形成的事物进行了跟进研究,终于发明了第一架天文望远镜。

(二) 减

在原有事物上还可以减去点什么?如将原来的物品减少一点、缩短一点、降低一点、变窄一点、减薄一点、减轻一点等,这个事物能够变成什么新事物?它的功能、用途会发生什么变化?在操作过程中,减少时间、次数可以吗?这样做又有什么效果?例如,隐形眼镜就是将镜片减薄、减小,并减去了镜架。

(三) 扩

现有物品在功能、结构等方面还可以扩展吗?放大一点,扩大一点,会使物品发生哪些变化?这件物品除了大家熟知的用途外,还可以有哪些用途?例如,大家知道吹风机是用来吹头发的。但在日本,有人想利用吹风机去烘干潮湿的被褥,扩展了它的用途,后来在此基础上发明了为酒店所青睐的被褥烘干机。

(四) 缩

将原有物品的体积缩小一点,长度缩短一点,会怎样?可否据此开发出新的物品?我国的微雕艺术是世界领先的,其实质是"缩一缩"。它缩小的程度是惊人的,能在头发丝上刻出伟人的头像、名人诗句等,成为一件件价值连城的珍品。生活中的袖珍词典、微型录音机、微型照相机、浓缩味精、浓缩洗衣剂(粉)等都是"缩"的结果。

(五) 变

它是指改变原有物品的形状、尺寸、颜色、滋味、音效等，从而使之形成新的物品。它可以使物品从内部结构上如成分、部件、材料、排列顺序、长度、密度、浓度和高度等方面发生改变，还可以从使用对象、场合、时间、方式、用途、方便性和广泛性等方面发生变化，也可以从制造工艺、质量和数量、对事物的习惯性看法、处理办法及思维方式等方面进行改变。例如，企业经营要创新，就离不开一个"变"字：如果冷饮食品厂不注重产品的花样翻新，就无法开发出形状、颜色、味道各不相同的新产品，也就无法使企业发展壮大。如果企业不拘于现状而不断开发新产品，那么企业就会充满生机和活力。

(六) 改

它是指从现有事物存在的缺点入手，发现该事物的不足之处，如不安全、不方便、不美观的地方，然后针对这些不足寻找有效的改进措施，以进行发明和创新。"变"的技巧带有主动性，它表现为行为人要主动地对其进行各方面的变动，使这一事物能保持常新。"改"的技巧带有被动性，它常常是在事物缺点已暴露或人们已发现该事物的缺点后，才为人们所利用，即通过消除某种缺点的方式进行创造。因此，"变"对于思维灵活、善于创新的人较适合；"改"对于初学者或较保守、不善于发现问题的人较适合，因为这一方法更容易使人发现问题和寻找创造对象。"改"的技巧应用范围很广，如拨盘式电话机改为琴键式电话机，手动抽水马桶改为自动感应式抽水马桶等。

(七) 联

某一事物和哪些因素有何联系？利用它们之间的联系，通过"联"这一技巧可拓展其功能，开发出新的产品。例如，把两个原本没有联系的事物联系起来，如数控机床、苹果梨的产生，就是"联"技巧的成果。

(八) 代

它是指用其他的事物或方法来代替现有的事物，从而进行创新的一种思路。有些事物尽管应用的领域不一样，使用的方式也各有不同，但都能完成同一功能。因此，可以试着替代，既可以直接寻找现有事物的替代品，又可以从材料、零部件、方法、颜色、形状和声音等方面进行局部替代，并思考替代以后发生哪些变化，会有什么好的结果，能解决哪些实际问题。例如，曹冲称象可以说是"代"的典型事例。又如，用各种快餐盒代替传统的饭盒，用复合材料代替木材、钢铁等。

(九) 搬

将原事物或原设想、技术移至别处，使之产生新的事物、新的设想和新的技术。把一件事物移到别处，还能有什么用途？某个想法、原理、技术搬到别的场合或地方，能派上别的用场吗？例如，利用激光的特点进行激光打孔、激光切割、激光磁盘、激光测量、激光照排、激光治疗等。将日常照明电灯通过改变光线的波长制作成紫外线灭菌灯、红外线加热灯；改变灯泡颜色，又成了装饰彩灯；把灯泡放在道路口，就成了交通灯。

(十) 反

"反"就是将某一事物的形态、性质、功能及其正反、里外、横竖、上下、左右、前后等加以颠倒，使之变成新的事物。"反"的思维方法又叫逆向思维，一般是从已有事物的相反方向进行思考。例如，家喻户晓的司马光砸缸的故事就是一个典型事例。一个小朋友不小心落到了水缸里，司马光突破救人须"人离开水"这一常规想法，将缸砸破，使水离开人，将小朋友救了起来。

(十一) 定

"定"是指对某些发明或产品制定出新的标准、型号、顺序，或者为改进某物品，为提高学习和工作效率及防止可能发生的不良后果等做出一些新规定，从而进行创新的一种思路。例如，有人用"定"发明了一种"定位防近视警报器"。发明者将微型水银密封开关与电子元件、发音器一起安装在头戴式耳机上，经调节，设置了头部到桌子的距离，当头部与桌子间的距离超过这个规定值时，微型水银开关便接通电源，发出警告，提醒使用者端正坐姿。

(十二) 仿

学习模仿其他事物的原理、形状、结构、颜色、性能、规格、动作、方法等，以求创新。如英国人邓禄普发明充气轮胎就是道理。一次，他看到儿子骑着硬轮自行车在卵石道上颠簸行驶，非常危险。他想，能否生产一种新的可以减小震动的轮胎呢？在花园里，他看到了浇水的橡皮管，踩一脚上去觉得很有弹性，于是利用橡胶的弹性，成功发明了充气轮胎。

第二节　人力资源管理

本节首先需要明确的概念是人力资源。有关其定义，学界说法不一。为有效梳理后续研究，暂且如此定义：人力资源是指能够推动整个经济和社会发展的具有智力劳动和体力劳动能力的人口的总称，包括智力劳动能力和体力劳动能力（现实的和潜在的）。

在明确了人力资源的概念之后，本书需要界定人力资源管理的含义。人力资源管理是指组织为了获取、开发、保持和有效利用在生产和经营过程中必不可少的人力资源，通过运用科学、系统的技术和方法进行的各种相关的计划、组织、领导和控制等活动，以实现组织既定目标的管理过程。学术界一般认为，人力资源管理由人力资源规划、招聘配置、培训开发、绩效考评、薪酬福利、劳动关系六大模块构成。

人力资源管理六大模块涉及概念如下。

一、资源规划

主要指人力资源规划。人力资源规划是为使组织拥有一定质量和一定数量的人力资源，以实现组织目标而拟定的在未来发展过程中人员需求量和人员拥有量相互平衡的一套措施。

二、招聘配置

在企业总体发展战略规划的指导下，制订相应的职位空缺计划，并决定如何寻找合适的人员来填补这些职位空缺的过程。它的实质是让潜在的合格人员对本企业的相关职位产生兴趣并前来应聘这些职位。

三、培训开发

企业通过各种方式使员工具备完成现在或将来工作所需要的知识、技能并改变他们的工作态度，以提高员工在现有或将来职位上的工作业绩，并最终实现企业整体绩效提升的一种计划性或连续性的活动。

四、绩效考评

绩效就是员工在工作过程中表现出来的与组织目标相关的并且能够被评价的工作业绩、工作能力和工作态度。其中，工作业绩就是工作的结果，工作能力和工作态度是指工作中的行为。绩效考评就是指制定员工绩效目标并收集与绩效有关的信息，定期对员工的绩效目标完成情况做出评价和反馈，以确保员工的工作活动和工作产出与组织保持一致，进而保证组织目标完成的管理手段与过程。

五、薪酬福利

薪酬是员工从企业得到的各种直接的和间接的经济收入，简而言之，薪酬就相当于报酬体系中的货币报酬部分。薪酬管理是指企业在经营战略和发展规划的指导下，综合考虑内外部各种因素的影响，确定自身的薪酬水平、薪酬结构和薪酬形式，进行薪酬调整和薪酬控制。福利是员工的间接报酬，一般包括健康保险、带薪假期或退休金等形式。这些奖励作为企业成员福利的一部分，发放给员工个人或者员工小组。福利管理是指对选择福利项目、确定福利标准、制定各种福利发放明细表等福利方面的管理工作。

六、劳动关系

劳动关系指用人单位与劳动者之间依法确立的劳动过程中的权利义务关系。通过规范化、制度化的管理，使劳动关系双方（企业与员工）的行为得到规范，权益得到保障，维护稳定和谐的劳动关系，促使企业经营稳定运行，谓之劳动关系管理。

第三节　创新与人力资源管理的复合

糅合创新理论与人力资源管理理论，将其结合为以创新为目的、以人力资源管理为手段的企业管理理论——以创新为导向的人力资源管理。管理理论研究百花齐放的现状，要求进行深入且密切联系实际的研究，以满足客观需求。不拘泥于经典的创新理论框架，将其灵活地应用于人力资源管理领域，复合运用创新理论与管理理论，并善用人力资源管理的学科属性，是该理论研究的努力方向。

一、静态攻略

在企业管理中，创新思维首先是一种战略思维。企业间的竞争，尤其是大企业、企业集团之间的竞争，在相当程度上表现为战略思维、战略定位的竞争。战略管理具有根本性、长效性，对企业的可持续发展具有决定性的意义，是企业绩效管理的基础。有资料表明，成功的企业家花在战略思维和研究上的时间占全部工作时间的

第五章 人力资源管理创新

60%以上。养成学习和思考的习惯，从繁杂的日常事务中跳出来，冷静地思考企业战略发展问题，是优秀的管理者和团队必备的素质。

作为管理的四大职能之首，计划扮演着非常重要的角色。如果创新在计划阶段就受到冷落，其发展只能是自生自灭。反之，如果在规划时就为创新预设一定的空间，有前瞻性地进行考虑，企业创新工作就可以更为有的放矢，对绩效提升也可以进行合理的预估。

工作分析是人力资源管理的基础工作，也是各项职能工作展开的前提与基础。但工作分析是否要求员工步调一致地"踢正步"？对工作分析的误解之一就是把工作内容"一刀切"，从而赢得管理的优势与便利。若企业运营如此进行，将会使员工的创造力被无情地扼杀。那么，能否在工作分析中就嵌入创新因子呢？

此处存在着某种内在的逻辑联系将前述三者（战略、计划与工作分析）串联起来，从而形成一个较为宏观的命题。所谓的逻辑联系就是：战略、规划与工作分析将在一段时期内相对地保持稳定。尽管它们并非一成不变，但从某种程度上说，依然可以将其视为"静态"的"打法"，即提升企业绩效的静态攻略。经过此过程，就可以得出第一个命题：企业绩效可以借由静态攻略提升，这体现在战略、规划与工作分析三方面。

二、动态攻略

企业想要在创新方面有所作为，势必要对创新型人才加以关注。这种创新型人才多是知识型工作者。知识型工作者由于自身掌握一种特殊的生产工具——知识，因而比传统型工作者拥有更大的独立性、灵活性、自由性，其所拥有的创意是企业十分看重的。但是这种创意该如何甄别，即在熙熙攘攘的应聘人员中，企业该如何设计一种机制，使得创新型人才能够脱颖而出，确实须费思量。做好这一步，就等于为企业奠定了优良的创新储备。知识型工作者的另一个特点是很容易跳槽，而其位置并不像传统型工作者那样容易替补。知识型工作者的跳槽往往给企业造成难以弥补的损失，如何留住他们就成了企业必须面对的一个课题。时下流行的"政策留人、感情留人、待遇留人、事业留人"能否切实产生我们所期望的效应？组织付给员工工资未必能得到他们的忠心，关键是要给他们提供运用知识的机会，使其价值得到实现。对于知识型工作者的劳动，既不便实行计件管理，又不便实行计时管理；既不能只靠高薪高职购买，又不能仅用"哥们义气"笼络；既要给他们提供比较优越、宽松的工作空间，使他们能不受打扰地、自由地从事创造性劳动，又不能放手不管、不加引导，因为即使他们确实整日都在为公司的事情冥思苦想，没有正确引导、没有良好情绪也难以激发其灵感。而对"做一天和尚撞一天钟"及由于种种原因与企业不相匹配的员工，如何与其"和平分手"，则是企业须掌握的另一项技巧。由此可见，"知识经济下的人力资源创造性产出"实在是一个崭新而艰巨的课题。在此，主要是围绕着企业对员工的进入、维持与离开进行探讨的。所以，第二个命题就是：企业绩效可以借由动态攻略提升，体现在（人员的）吸引、维持与遣散三方面。

三、内部互动

根据德鲁克所说，由知识型工作者组成的现代组织关系已不再是老板和下属的关系，而是一种团队式的、平等的关系。管理者在这种团队中的工作已不再是下命令，而是激励知识型工作者。知识型工作者通过机器操作能生产出什么样的产品，以及这些产品达到的标准和产品本身的质量取决于知识型工作者的创造性劳动。那么企业绩效的提升就有赖于管理者与员工，特别是知识型工作者之间的互动。我们要主动适应知识经济时代的特点，彻底破除"官本位"思想，建立符合知识经济时代要求的企业管理制度，尤其是人力资源管理制度。首先要使沟通机制保持顺畅，许多创意的闪现即来源于沟通中有意无意的触及。传统企业按员工所担任的行政职务给予待遇，该做法对知识型工作者缺乏吸引力，无法激发其积极性，甚至使其时感屈辱，带有浓厚的"官本位"色彩，不利于鼓励知识型工作者安心从事创造性工作。传统企业对员工实行的考勤制度、坐班制度同样不适合知识型工作者，这些制度将大大降低其工作效率——尤其是制约其创造性的发挥。传统企业的考核制度对于创造性劳动并没有给予特别的奖励，形成"干多干少一个样、干与不干一个样"的尴尬局面，这种"大锅饭"的做法明显不利于激励创新、追求卓越，使杰出湮没于平庸之中。对知识型工作者的任用和工资福利应该探索新的方法，使其能安心从事创造性劳动，并从中获得最大的物质收益和精神满足。管理者与知识型工作者应平等相处，与他们交朋友，并经常同他们交流，参与其工作团队活动以不断调动其积极性，激发其创造灵感。对知识型工作者确有较大创意的工作成果，企业应给予重奖以激励其本人、鞭策众员工，因为创新实在来之不易，聪明之人不是随要随有。把知识转化为认股权、股利和红利等"知本主义"的做法亦可被纳入。如此，第三个命题就是：企业绩效可以借由内部互动提升，体现在沟通、考评与激励三方面。

四、外部利用

除却企业内部的互动外，企业外部也蕴含着大量机会，着实应该予以把握与利用。在知识经济与信息社会，企业无时不刻不处在变动的环境中。机遇只偏爱有准备的人，这些外部的变革应该被企业扫描检测，它们往往就是创新的源泉。企业变革的目的是使组织发挥更大的效能，但是在变革过程中，员工不免会因为对变革不了解、不信任、不认同而产生恐惧、焦虑，甚或抗拒阻挠，如此一来，企业推进变革势必受阻。所以，须针对变革的过程进行管理、干预，务求变革顺利进行，以达到预期成效。组织变革可视为组织发展历程中一次重大的成长机会，它须适应环境的快速变化，运用科技的发展，调整组织的策略、结构及成员的价值观、行为，以使组织绩效获得提升。在顾客需求日益细化与丰富的时代，资源整合的胜者即为赢家。欲将"蛋糕"做大，企业必须与外部合作。为使企业整合的资源增加，合作的范围要有所突破，而贯穿价值链与横跨产业面的广泛外部对象，恰好为企业提供了诸多可以利用的契机。企业在制定和分解战略目标时，往往习惯性地将思维集中于自身可支配的企业资源，强调"力所能及"。如果企业能够对自己的资源价值重新审视与评价，以其资源置换所需的"异业资源"，合作空间将被扩大。在同异业的"置换"和"共享"中以一种全新的视角打破企业原有的资源格局，深挖企业资源的潜在价值，使得企业自身资源价值的利用达到最大化。在复杂的外部环境中，传统的竞争也被赋予了新的意义。"左手挥拳，右手握手"即是对市场中企业间关系的生动写照。双赢、共赢与多赢成为企业间利益交换的筹码。"行有行规"，企业间的竞争不能违反规则。企业如果能够做到"明察秋毫"，密切监视外部变革，并左右逢源，怀和善之心，伸出合作之手，展开良性竞争、正当竞争，企业绩效就有望"左右开弓"。基于此，第四个命题为：企业绩效可以借由外部利用提升，体现在变革、合作与竞争三方面。

五、组织结构

长期以来，我国企业的组织结构深受政府机构的影响：以权力分配为依据，每一个权力进行横向和纵向的分配，这种分配带来的直接结果是权力与监督部门较多，而相应的责任部门较少。这样的权力分配方式，极大地拉长了决策者与一线员工的距离，使得企业不能相机而动，过多的职位设置又不可避免地影响了决策效率。知识经济时代的办公场所呈现虚拟化、分散化和小型化趋势，这就需要相应组织结构的调整来适配。对企业的某些特殊岗位，可以试行弹性工作日制度，配备必要的办公自动化条件，探索新的办公形式与管理方式。对知识型工作者的配置，更是项颇具技术性的工作。扬长避短是经典的配置理论，即发挥某人所长而回避其短处。这种思想同样有待革新。短处与长处永远是相对的，适当地改变工作情境，短处甚至能够带来意想不到的效果。在组织重新设计的过程中，权力重心宜下移以形成扁平化的组织架构，从而能够及时对外做出反应，有效提高效率，减少管理层级，缩短决策层与一线的距离。随着企业运营的虚拟与分散，除配置之外，更为有效的应对方略应属柔性与网络。柔性是指组织结构的可调整性，它基于对环境变化、战略调整的适应能力，与刚性相对。思想如果再开放一点，就到了企业将自身业务转托外部承担的层面。有相当一部分中小企业"麻雀虽小，五脏俱全"，在职能配备上存在冗余，在资源利用上存在浪费，为何不能甩开"非主流"业务，而在核心流程上精耕细作呢？因此，第五个命题是：企业绩效可以借由组织结构提升，体现在配置、柔性与网络三方面。

六、薪酬保障

薪酬作为员工劳动与贡献的对价，受到普遍的关注，大至国家政府，小到家庭个人，都对薪酬给予了别样的关心。理想化的完善薪酬体系被描述为：对外具有竞争力，对内具有公平性和激励性的薪酬体系。外部竞争性考虑的是市场水平和公司的支付能力，而内部公平性和激励性考虑的是岗位的价值和员工的业绩。薪酬往往被认为是总结性支付，即对员工前期工作进行科学、合理的货币结算。企业这样的认识与如此做法本无可厚非，但是如果能够意识到薪酬的先导效应，则有助于提升绩效。在薪酬制度的制定中，考虑嵌入绩效因子，辅以其他，如发放技巧，就可以超前地牵引员工的行为，使其沿着企业愿景的方向发展。企业甚至可以考虑薪酬虚拟化，按薪点制建立虚拟分红权，高级经理通过对赌协议、联合确定基数法，引入股权、人事权、财权。在保护第一桶金——发家主业的同时，投资独立的第二家企业，依赖员工筹资，向员工贷款，并计算利息，给予股权；员工在新型公司组织中享有时间红利和成长红利、虚拟薪酬及虚拟福利。赫兹伯格认为保障无助于绩效的提升。这种说法未必准确，原因在于：①员工保障是取得较佳绩效的必要条件，绝非可有可无；②员工保障的一部分内容，诸如福利，经运作之后同样可以产生激励的效果，从而对绩效有促进的作用。福利计划其实是一种充满生机与想象力的创新机会，它是一次绝好的将本企业与其他公司区别开来的机会。员工保障计划要真切、精确地展示出企业的价值观、信念、对未来的看法以及创造未来的措施。薪酬与保障一直都是人力资源管理的核心内容，受到学界与管理者的重视。所以，可以很自然地得出第六个命题：企业绩效可以借由薪酬保障提升，体现在薪酬与保障两方面。

七、培训开发

培训开发同样是人力资源管理的重点部分。企业的创新、变革和发展离不开员工的不断学习与进步。企业要想在业绩方面有所作为，就须下苦功，强化人力资源的素质建设。员工培训与人力资源开发是提高员工素质的必要手段。绩效管理的主要目的之一就是了解员工绩效状况中的优势与不足，进而对其进行改善和提升。当管理者看到员工工作绩效低下时，除了要检查管理制度上是否存在疏漏外，还要考虑是否要对员工进行培训。主管人员往往需要根据员工的绩效现状，结合被评估者个人的发展愿望，与其共同制订绩效改善计划和未来发展计划。人力资源部门则需要根据员工当前绩效中有待改善的方面，设计整体的培训计划，并组织实施。经过培训之后，员工的技能大大增强，完成任务自然也会更有信心，所以培训经常被认为之于绩效有着短平快的优势。知识型工作者非常看重企业是否能提供知识增长的机会。如果只给其使用知识的机会，而不给其增长知识的机会，企业就不可能使知识型工作者一直保持忠诚和高涨的工作热情。就像人类对资源的利用，一味地攫取、贪婪地利用与漫不经心地培育养护，总会换来资源枯竭殆尽的一天。所以，企业尤其要为知识型员工提供培训和不断提高自身技术的机会，利用他们才能的同时，更注重其培训与开发，这不仅能增强他们的技能，更能够大大增加留住他们的筹码。如果说培训着眼于现在，那么开发瞄准了未来，在此基础上增加员工的知识，增强其技能，继而通过改进某些调节变量的方式改造员工行为，从而提升并保持公司竞争优势。正如美国未来学家约翰·奈斯比特所说的，"成功的公司要解决两个问题——一个是对最有竞争力、更富生产性的管理人员的需求；一个是把办公室与教室连在一起"。随着知本的价值超过资本，员工培训与开发在企业人力资源开发管理中的地位将会得到前所未有的提高。知识型员工的发展与学习型企业、学习型组织、学习型社会的构建，都将依托并且受惠于企业的培训开发工作。至此，我们得到了所要探讨的第七个，也是最后一个命题：企业绩效可以借由培训开发提升，体现在培训与开发两方面。

为涵盖人力资源管理的主要领域，本书以"抓大放小"为原则，围绕7个前述命题，确定模型中的战略、规划、工作分析、(人员的)吸引、维持、遣散、沟通、考评、激励、变革、合作、竞争、配置、柔性、网络、薪酬、保障、培训与开发等因素。

第四节　基于创新理念下的岗位分析与工作设计

一、岗位分析概述

（一）岗位分析的专用术语

1. 工作要素

工作要素是指工作活动中不能再继续分解的最小的劳动单位，例如，拧一颗螺丝钉、按开关启动机器、按键盘输入文字。每项工作都由一些工作要素组合而成。

2. 任务

任务是指工作中为了达到某种目的而进行的一系列活动。任务可以由一个或多个工作要素组成。例如，工人给产品贴标签这一任务只有一个工作要素；饭店的迎宾服务任务包括两个工作要素，即开门、请客人进来。

3. 工作

工作是指组织为达到目标必须完成的若干任务的组合。一项工作可能需要一个人完成，如公司总经理的工作；也可能需要若干人完成，如计算机网络管理人员的工作。

4. 职责

职责是指任职者为实现一定的组织职能或完成工作使命而进行的一个或一系列工作。

5. 职位

职位也叫岗位，是指担负一项或多项责任的一个任职者所对应的位置。一般情况下，组织有多少个职位就有多少个任职者，例如，经理、秘书、财务总监等。应该注意的是，职位是以事为中心而确定的，它强调的是人所担任的岗位，而不是担任这个岗位的人。职位是确定的，而职位的任职者是可以更换的。

6. 职务

职务是由一组主要责任相似的职位组成的。在不同的组织中，根据不同的工作性质，一种职务可以有一个或多个职位。例如，处长这一职务，在不同的部门都有这个职位。职务具有职务地位和职务位置的双重含义。即在同一职位，职务可以不同，如同是副厂级干部，却分为第一副厂长、第二副厂长等。虽然都是副厂级，但其职务地位不同。一个职务也可以有多个职位。如办公室需要两个秘书，即一个职务有两个职位或需要更多的人来承担这一工作。而对于科长，由一人担当，它既表示职位又表示职务。

一般情况下，职务与职位是不用加以区别的。但是，职务与职位在内涵上是不同的。职位意味着要承担任务和责任，它是人与事的有机结合体。而职务是指同类职位的集合体，是职位的统称。如行政管理部门的处级干部，职务都是处级干部，但是，职位相当多。职位又称为编制，所以职位的数量是有限的。一个人担当的职务不是终身制，但对这一职务他可以是专任也可以是兼任，可以是长设，也可以是临时的，所以职务是经常变化的。但是职位是不随人员的变动而变动的，它是相对稳定的。职位可以进行分类，而职务一般不进行分类。

7. 职权

职权是指依法赋予的完成特定任务所需要的权力，职责与职权紧密相关。特定的职责要赋予特定的职权，甚至特定的职责等同于特定的职权。例如，企业的安全检查员对企业的安全检查，这既是他的职责又是他的职权。

(二) 岗位分析的概念

根据目的和用途，岗位分析可分为两类：一类是对工作的分析，它为人力资源管理提供信息；另一类是方法和时间研究，其任务是改进工作方法和制定劳动定额。

岗位分析的概念目前有多种说法。比如：

岗位分析就是确定完成各项工作所需要的技能、责任和知识的系统过程，它是一种重要而普遍的人力资源管理技术。

岗位分析，又称职务分析，是指对某一特定工作做出明确的规定，并确定完成这一工作所需要的行为的过程。

岗位分析是指全面了解、获取与工作有关的详细信息的过程，具体来说，是对组织中的某个特定职务的工作内容和职务规范（任职资格）的描述和研究的过程，即制定职务说明和职务规范的系统过程。

岗位分析是通过一系列标准化的程序找出某个职位的工作性质、任务、责任及执行这些工作所需要具备的知识和技能。

从以上概念我们可以看出，岗位分析实际涉及的是两个方面的问题：一是工作本身，即工作岗位的研究。岗位分析要研究每一个工作岗位的设置目的，该岗位所承担的工作职责与工作任务，以及与其他岗位之间的关系等。二是对从事该岗位的作业人员特征进行研究，即研究其任职资格，研究能胜任该项工作并能完成目标的任职者所必须具备的条件与资格。

所以，岗位分析是对组织中某个特定工作职务的目的、任务、职权、隶属关系、工作条件、任职资格等相关信息进行搜集与分析，以便对该职务的工作做出明确的规定，并确定完成该工作所需要的行为、条件、人员的过程。

(三) 岗位分析的目的与意义

企业组织人力资源管理，通过对各项工作的任务、责任、性质以及工作人员的条件予以分析研究而进行岗位分析。其目的和意义主要有如下几个方面。

1. 为企业的人事决策奠定坚实的基础

进行全面而深入的岗位分析，可以使组织充分了解各种工作的特点和具体内容，以及对员工各方面的要求，这样就为组织的人力资源决策提供了科学的依据。

2. 避免人力资源的浪费

通过岗位分析对组织中每个人的工作职责做出明确的界定，职权分明，这就提高了个人与部门的工作效率及和谐性，避免了工作重叠和劳动重复等资源浪费现象。

3. 科学地评价员工的工作实绩

通过岗位分析，每一个职位都明确界定了员工应该做什么、应该达到什么要求，这样，以岗位分析为依据，对员工工作实绩进行评价就比较合理与公平，从而达到科学地评价员工工作实绩的目的。

4. 人尽其才

岗位分析明确地指明工作岗位需要什么样的人才，这样就可以尽量减少"大材小用"或"小材大用"的现象。企业组织在招聘和晋升中，可以让最适合的人员得到最适合的工作职位。

（四）岗位分析的内容

尽管不同的组织进行岗位分析的内容千差万别，但是，岗位分析的主要内容还是相同的。对工作信息的收集、分析和综合，应是岗位分析的核心，也是工作活动质量的根本保证。岗位分析的总体内容包括两个方面：工作描述和工作说明。这也是岗位分析的任务，而岗位分析的结果是要形成新的工作描述和工作说明书。

1. 工作描述

工作描述具体说明了某一工作的物质特点和环境特点。它主要包括以下几个方面的内容：

（1）工作名称分析

工作名称的命名必须准确，因为标准化的命名才能使他人从名称上初步了解工作的性质与内容。

（2）工作活动与程序分析

要达到全面认识工作整体的目的，具体要做的工作活动和程序有：对工作任务的分析与描述；明确规定工作行为，包括对工作的中心任务、工作内容、工作的独立性和多样化程度、完成工作的方法和步骤、使用的设备和材料等的规定；对工作责任的分析；对工作相对重要性的了解，并据此来配备相应的权限，从而保证责任和权利对等；对工作关系的分析，目的是了解在工作中与其他员工的正式人际关系以及接受领导的性质和范围；对劳动强度的分析，目的是确定标准的工作活动量。

（3）工作环境分析

工作环境分析可以分为工作物质条件和社会条件两方面的分析。物质环境指数有湿度、温度、照明度、噪声、震动、异味、粉尘、空间、油漆等因素，以及工作人员每日与这些因素接触的时间长短；社会环境包括工作所在地的生活方便程度、工作环境的孤独程度、上级领导的工作作风以及同事之间的协作程度。也可以从劳动群体的成员数量以及工作操作所需要的人际反应量上去测量社会环境指数。还要注意的一点,就是对工作环境安全问题的思考,包括工作的危险性、可能发生的事故、过去事故的发生频率、事故的原因以及给事故人员造成的危害程度、劳动安全卫生条件、易患的职业病及其发生率等。

(4)对聘用条件的分析

这是对工作人员履行工作职责时,应具备的最低资格的确认。每一项工作,都会对执行其职责的人员,提出特定的技能、教育和训练背景、与工作相关的工作经验、身体特征,以及必要的态度品质等与工作有关的特征要求。通常,我们可以将这些要求概括为必备的知识、必备的经验、必备的操作能力以及必备的心理素质。

2. 工作说明书

工作说明书要求说明从事某项工作的人员必须具备的生理要求和心理要求。它主要包括以下几个方面:

(1)一般要求

主要包括年龄、性别、学历、工作经验等。

(2)生理要求

主要包括健康状况、力量和体力、运动的灵活性、感觉器官的灵敏度等。

(3)心理要求

主要包括观察能力、集中能力、记忆能力、理解能力、学习能力、解决问题的能力、创造性、数学计算能力、语言表达能力、决策能力、特殊能力、性格、气质、兴趣爱好、态度、事业心、合作性、领导能力等。

二、岗位分析的程序和方法

(一)岗位分析的程序

岗位分析是一个全面的评价过程,这个过程可以分为4个阶段:准备阶段、调查阶段、分析阶段和完成阶段。这4个阶段关系十分密切,它们相互联系、相互影响。

1. 岗位分析的准备阶段

准备阶段是岗位分析的第一阶段,主要任务是了解情况、确定样本、建立关系、组成工作小组。其具体任务如下:

(1)明确岗位分析的意义、目的、方法、步骤。(2)向有关人员宣传、解释,消除误解,建立友好合作关系。(3)建立与岗位分析有关的工作员工之间的良好的人际关系,并使他们做好心理准备。(4)以精简、高效为原则组成工作小组,对岗位分析者进行培训，使其掌握岗位分析的内容、方法和具体步骤及注意事项。(5)确定调查和分析对象的样本，同时考虑样本的代表性。(6)把各项工作分解成若干工作元素和环节，确定工作的基本难度，明确调查方法，设计调查方案。

2. 岗位分析的调查阶段

调查阶段是岗位分析的第二阶段，其主要任务是对整个工作过程、工作环境、工作内容和工作人员等做一个全面的调查。其具体任务如下：

(1)编制各种调查问卷和提纲。(2)灵活运用各种调查方法，如面谈法、问卷法、观察法、参与法、实验法、关键事件法等。(3)广泛收集有关工作的特征以及需要的各种数据。(4)重点收集工作人员必需的特征信息。(5)要求被调查的员工对各种工作特征和工作人员特征的重要性及发生频率等做出等级评定。

3. 岗位分析的分析阶段

分析阶段是岗位分析的第三阶段，其主要任务是综合调查阶段收集的有关资料，以及对有关的工作和工作人员特征的调查结果，并进行深入全面的分析。其具体工作如下：

(1)认真仔细审核整理已收集到的各种信息，确定各种信息的用途，选择有用信息。(2)创造性地分析、发现有关工作和工作人员的关键成分。(3)归纳、总结出岗位分析的必需材料和要素。

4. 岗位分析的完成阶段

完成阶段是岗位分析的最后阶段。前述三个阶段的工作都是为本阶段打基础，以完成本阶段的任务作为目标。此阶段的任务就是根据规范和信息编制出"工作描述"和"工作说明书"。有时，"工作描述"和"工作说明书"可以编制在一起，称为"工作分析表"。

(二) 岗位分析的方法

岗位分析的方法有很多种，此处重点介绍几种常用的岗位分析方法。

1. 问卷调查法

问卷调查法就是根据岗位分析的目的、内容等，事先设计一套岗位调查问卷，由被调查者填写，再将问卷加以汇总，从中找出有代表性的回答，形成对岗位分析的描述信息的一种方法。问卷法主要可以分为两种：一般岗位分析问卷法和指定岗位分析问卷法。一般岗位分析问卷法的问卷内容具有普遍性，因而适合于各种工作；而指定岗位分析问卷法则因问卷内容而具有特定性，适合于每一种指定的工作，且一张问卷只适合于一种工作。

问卷法的优点在于费用比较低、速度快，可以节省时间和人力；而且问卷可以在员工工作之余填写，不至于影响正常工作；同时，问卷法的分析样本量很大，因此适用于需要对很多职务进行分析的情况；分析的资料也可以数量化，资料由计算机进行数据处理后，可用于多种目的、多种用途的岗位分析。缺点是设计理想的问卷要花费大量时间、人力和物力，岗位分析人员在使用问卷前还要进行测试，以了解员工对问卷中问题的理解情况；而且，问卷缺乏面对面交流带来的轻松合作的气氛，缺乏对被调查者回答问题的鼓励或支持等肯定性反馈，因此被调查者可能不会积极配合和认真填写，从而影响调查的质量。

2. 访谈法

访谈法是访谈人员就某一岗位与访谈对象，按事先拟订好的访谈提纲进行交流和讨论的一种岗位分析方法。访谈对象包括：该职位的任职者，对工作较为熟悉的直接主管人员，与该职位工作联系比较密切的工作人员，任职者的下属等。为了保证访谈效果，访谈人员一般要事先设计访谈提纲，交给访谈者准备。在收集岗位分析信息时，可以使用以下3种访谈法：个人访谈法、集体访谈法和主管人员访谈法。

个人访谈法适用于各个员工的工作任务有明显差别、岗位分析时间又比较充分的情况。集体访谈法适用于多名员工做同样工作的情况。在进行集体访谈时，要请工作承担者的主管到场。如果主管人员当时不在场，事后也应请主管人员谈一谈他（她）对于被分析工作中所包含的任务、职责等有何看法。主管人员访谈法是指岗位分析员同一个或多个主管人员面谈。因为主管人员对工作内容有相当多的了解，岗位分析人员与主管面谈可以节省岗位分析的时间。

访谈法的优点是能够简单而迅速地收集到所需要的资料，适用面广，且由任职者亲口回答问题，其内容较为具体准确，不仅可以使岗位分析人员了解到短期的直接观察不易发现的问题，还可以使岗位分析人员了解到员工的工作态度和工作动机等较深层次的内容。此外，访谈可以为组织提供一个良好的机会来向大家解释岗位分析的必要性及功能，也可以使被访谈者有机会释放因工作受到挫折而带来的不满。访谈法的缺点，最主要的是收集到的信息有可能不够真实，因为被访谈者往往把岗位分析看成是工作绩效评价，认为岗位分析会影响到他们的工作报酬，因而夸大其承担的责任和工作难度，从而使岗位分析的资料失真和扭曲。

3. 观察法

观察法是指在工作现场运用工具或岗位分析人员的感觉器官，观察员工的实际工作运作，用文字或图表形式做记录，来收集工作信息的一种方法。

观察法的优缺点主要表现为：采用观察法进行岗位分析所得出的结果比较客观、准确，但需要岗位分析人员具备较高的素质。同时，它适用于外部特征较明显的岗位工作，如生产线上工人的工作、会计人员的工作等，不适合长时间的心理素质的分析，也不适合工作循环周期很长的工作和脑力劳动的工作，偶然、突发性工作也不易观察，且不能获得有关任职者要求的信息。

三、工作设计概述

(一) 工作设计的概念与内容

所谓工作设计，就是为了有效地达到组织的目标，提高工作效率，对工作内容、工作职能、工作关系等方面进行变革和设计。工作设计主要是组织向其员工分配工作任务和职责的方式。工作设计是通过满足员工与工作的需求，来提高工作绩效的一种管理方法。因此，工作设计是否得当，对激发员工的工作动机、增强员工的工作满意程度，以及提高生产率都有重大的影响。

工作设计与岗位分析的关系紧密。岗位分析的主要目的是对各项工作的任务、责任、性质以及工作人员的条件予以分析研究；工作设计的主要目的则是说明工作如何做以及如何使工作者在工作中得到满足。工作设计所涉及的内容包括工作内容和方法设计、工作职能和工作之间的关系设计等。工作设计在人力资源管理中具有十分重要的意义。

(二) 工作设计的作用

工作设计之所以在当代社会引起人们的高度重视，主要是因为具有以下几个方面的重要作用：

1. 工作设计改变了工人和工作之间的基本关系

对于工人和工作的基本关系，科学管理者是这样处理的：把工作的物质要求与工人的生活特征相结合，然后剔除那些不符合要求的人。行为科学家进入工业领域后，他们试图通过改进对工人的挑选和培训来完善这个过程。然而和科学管理者一样，他们把重点放在工作身上，职务被看作不可变的固定物。工作设计则打破了这个传统，它是建立在工作本身对员工的激励、满意和生产率有强烈影响的假设基础上的。

2. 工作设计能推进员工工作的积极态度

工作设计不是试图首先改变员工的工作态度，而是假定在工作得到适当的设计后，员工积极的态度就会随之产生。

3. 工作设计使职责分明

良好的工作设计可以减少员工辞职、旷工及怠工等情况。

4. 工作设计有利于改善人际关系

这直接影响到员工的工作满足感。

5. 工作设计重新赋予工作以乐趣

工作设计直接影响到员工的生理与心理健康，诸如，腰腿病、耳聋、高血压、心脏病等职业病的发病率，都与工作设计是否合理有着密切的关系。

（三）工作设计的要求

工作设计的要求主要包括以下几个方面：

第一，提高组织效率；

第二，符合组织的总目标；

第三，工作与人相适应；

第四，责任体系与总目标相符。

四、工作设计的原则和方法

（一）工作设计的原则

工作设计是十分重要的科学管理技术，好的工作设计是好的工作的先决条件。现代工作设计十分强调工作生活质量的改进，力求做到人与工作的完美配合，在提高工作效率的同时保证工人有较高的工作满意度。为此，工作设计应立足于工作本身内在特性的改进，增强工作本身的内在吸引力，从而极大地改变工作活动的性质、功能、人员关系与反馈方面的特性。根据工作设计的基本目的与要求，好的工作设计应该符合以下三条原则：

1. 效率原则

工作设计应使工作活动具有更高的输出效率，有效地提高职工工作效率。良好的工作设计，可以使组织成员更好地明确工作的职责与分工范畴，形成良好的工作协调与合作关系，提高组织活动的有序性、均衡性与连续性，创设符合职工个体特性的工作活动模式，促进职工能力的充分发挥。工作的简单化与专门化曾被视为提高工作效率最有效的法宝。确实，工作的简单化与专门化设计有助于职工较快地提高工作的熟练程度，迅速掌握工作方法，形成工作经验，也有助于职工发挥劳动特长。但值得注意的是，专业化程度如果过高，就会导致工作单调乏味，令人生厌，反而造成工作效率下降。

2. 工作生活质量原则

工作设计应符合职工对工作生活质量的要求。工作生活质量体现了职工与工作中各个方面之间关系的好坏，反映了职工的生理与心理需要在工作中得到满足的程度。工作生活质量的提高，可使职工对工作产生更为满意与向往的心情，增强职工归属感，并由此形成良好的组织气氛，从而提高组织的活动效能。在工作设计中应注意考虑的工作生活质量要素包括：工作的挑战性和吸引力，工作的自主性与自由度，工作的多样化与丰富化，合理的工作负荷与节奏，安全舒适的工作环境，工作中个人需要的适度满足，以及职工之间的良好工作关系等。

3. 系统化设计原则

工作设计是一项复杂的系统工程，设计者应充分考虑工作中各有关方面，包括组织体系、工艺技术、管理方式、工作者、工作环境等，努力寻求各方面因素的最佳结合，使之在工作系统中构成良好的协调关系。

(二) 工作设计的方法

1. 激励型工作设计方法

激励型工作设计方法在组织行为学和管理学文献中可以找到深厚的基础。它强调的是可能会对工作承担者的心理价值以及潜力产生影响的那些工作特征，并且把态度变量（比如，满意度、内在激励、工作参与度，以及像出勤、绩效这样的行为变量）看成是工作设计的最重要结果。激励型工作设计方法所提出的设计方案往往强调通过工作范围扩大化、工作内容丰富化等方式来临时提高工作的复杂性，它同时还强调，要围绕社会技术系统进行工作的构建。与此相对应，一项对213种不同工作所进行的研究发现，工作的激励特征与这些工作对工作承担者的智力要求是正相关的。激励法的例子之一是赫茨伯格的双因素理论。这一理论指出，相对于工资报酬这些工作的外部特征而言，个人在更大的程度上，是受到像工作内容的有意义性这类内部工作特征激励的。

强调激励的工作设计方法通常倾向于强调提高工作的激励潜力。工作范围扩大化、工作内容丰富化，以及自我管理工作团队等管理实践都可以在激励型的工作设计方法中找到自己的渊源。尽管针对这些工作设计方法所进行的大多数研究，都表明它们提高了员工的满意度和绩效水平，但是它们并非总是能够带来绩效数量的增加。

2. 机械型工作设计方法

机械型工作设计方法是扎根于古典工业工程学之中的，它强调要找到一种能够使得员工工作效率达到最大化的最简单方式来构建工作。在大多数情况下，它通常包括降低工作的复杂程度从而提高人的效率，也就是说，让工作变得尽量简单，从而使任何人只要经过快速培训就能够很容易地完成。这种方法强调按照任务专门化、技能简单化以及重复性的基本思路进行工作设计。

3. 社会技术型工作设计方法

社会技术型工作设计方法的实质是设计工作时应该考虑工作技术体系和相伴随的社会体系两个方面。根据这个概念，雇主应该通过对整个工作场所（包括物理环境和社会环境）进行整体或系统的观察来设计工作。很少有工作涉及同样的技术要求和社会环境，因此社会技术型工作设计方法是因情景而设定的。社会技术型工作的设计方法尤其要求工作设计者仔细地考虑员工在这个社会技术体系中的职责、所要完成的任务的本质和工作小组的自主权。在理想情况下，社会技术型工作设计方法能够把组织的技术需要与决策中所涉及的员工的社会需要结合起来。

社会技术型工作设计方法已被应用于许多国家，通常冠以"自治工作小组"或"个人民主"这样的名称。以自我管理工作小组或团体为基础的现代工作设计，通常是以社会技术型工作设计方法为基础的。

总而言之，在进行工作设计的时候，理解仅仅使用一种工作设计方法所可能产生的内在优缺点是非常重要的。管理者如果希望按照某种能够使任职者和组织的各种积极结果都达到最大化的方式来进行工作设计，他们就需要对这些不同的工作设计方法都有充分的认识，理解与每一种方法相联系的成本和收益，在它们之间进行适当的平衡，从而为组织谋取优势。

第六章 互联网时代的人力资源管理

第一节 互联网时代人力资源管理面临的机遇与挑战

改革开放以来,中国经济的发展方式正由粗放型向集约型转变,中国企业的扩张模式也由硬扩张向软扩张转变。企业虽然依靠粗放式的资源投入、低劳动力成本优势、对环境的漠视与破坏、对产业价值链的挤压、靠垄断或国家行政力量的整合完成了量的积累,但这种硬扩张模式也带来了诸多问题,如人才、技术、品牌与管理的短板及软实力的缺陷,管理的粗放与领导力的短缺等。目前中国企业正进入新的战略转型和系统变革期,进入质变与转型时代,正在追求两个层面上的回归:一是通过打造基于价值观的新领导力,推动人力资源升级,实现文化与人的回归;二是强化管理者的基本功,激活人才的价值创造,提升人力资源效能,实现科学管理与效能的回归。中国企业的质变与转型对人力资源管理提出了新的要求,在这一时期,中国企业所面临的人力资源管理问题是空前复杂且具有挑战性的。

一、人才管理的新整合和新功能

移动互联网时代,人力资源管理原有的功能发生了变化,形成六大新特征,称为六度组合。人力资源管理原有的基本功能根据新的时代需要进行重组产生了新功能,创造了新价值,人力资源创新管理思维萌发,形成六度组合。

(一)强文化

越是优秀的企业,越具有极为鲜明和有影响力的企业文化。区别不同企业的,不是产品而是文化,产品不过是泛文化的物质内涵。文化赋予企业员工本体论意义上的存在感,凝聚了强大的人气场。与人气场相合,员工就会有如鱼得水的快感;不合,则明显缺氧,最终非走即伤。优秀企业,无不具有鲜明的高"颜值"和厚功力的强文化。

强文化,就是强意义,远远超越企业生存的底线,在"质量如今已经不再是一个目标参数,而是一个不言而喻的先决条件"的时代,在后物质时代,甚至后(工业时代)管理时代,解决人的本真精神问题,才是以人为本。

(二)自组织

组织是企业聚能和放能方式,商业模式和核心文化需要相应的组织方式。移动互联网时代,以彻底满足用户为商业模式的核心,以积极应对不确定性为管理宗旨,以充分释放员工能量为人力资源管理追求,他组织不再是唯一的组织方式,而只是组织的一个端点,另一个端点则是自组织。企业要在他组织和自组织所构成的组织空间内不断调试,在有组织内部以无组织或者自组织的手法,营造新的人能聚合和释放的方式方法。他组织与自组织是"两极相通"的,是一个大系统里的两种状态,或者是两极。也就是说,自组织里面一定会产生他组织的要求,他组织里也一定有自组织的诉求。

(三)绩效力

绩效不仅是一个管理工具,还是一种力量,是高素质人才所具有的,并且真切地迸发出来的力量。这种力量是所有新产品得以源源不断问世的内推力,是衡量不同生态位价值高低的职业生命力,一旦得以激发和释放,便会产生外满足用户所需、内推动企业发展的"价值暴力"。绩效力是优秀和平庸企业之间最为显著的外在特征,优秀的人聚合在一起,自会构成或者形成一种力量,绩效力本质上是人的力量,是创生之力。

(四)重激励

优秀企业不会追求激励的平均化,激励的平均化对企业人力资源的效能如同致命的黑魔法。优秀企业均采取了强激励措施,即充分运用整体报酬体系里的各项激励"无敌装备",让高度正激励成为常态。激励不到位几乎是绝大多数企业管理的通病,不能尽人之能,不能尽物之性,生产力得不到充分利用。高绩效永远要有一颗高激励之心。其核心在于,在物质的基础上,讲好精神的故事,在人才能够脱颖而出的平台上,建立更合理的利益结构。

(五)轻足迹

轻足迹的含义是"步履轻快、快速精确,以及运用小型有自主权、消息灵通、装备高端的团队",即以更小的企业结构、规模和数量,用小投入谋求大产出。这一切在本质上是管理智慧的体现,是当今管理仿生观和生态观的体现。

轻足迹管理的核心是价值管理而非资产管理,企业需要有一只"轻轻推动要害的手"，保持积极期盼和智慧的警醒。工业时代的管理者们已经建立了足够的规则，也建立了基于这些规则的重装重型管理。而后物质时代、后（工业时代）管理时代，正是轻装上阵的时候。

（六）生态位

与大工业时代钢筋水泥一般固定，且分工过细的职位相异，移动互联网时代的人力资源具有的是生态位，它不依赖于传统科层组织的纵向阶梯，而是取决于在企业大生态系统和企业管理生态系统中的独特位势。这个位势是可变的、易变的、能力综合的、可以自组织的方式与其他人员互联互动的，在为其他生态位提供滋养中实现自我价值。传统的职位所蕴含的人力资源管理信息，比如等级、权责、价格、资格等，并未取消，但是需要在更广阔的视角中进行理解。生态位是生态人力资源管理的核心和网络节点。

生态位是由关联关系构成的位置，由关系、信息、价值、连接等所形成的多维的空间位置和时间状态，是生长的，是不断变化又高度协同的，每个人都可能有无数个这样的位。不过，目前每个人都被钳制在一个固定的实体点上，而无法实现移动互联世界的生态位。

二、STBM——互联网时代 HR 的新功课

HR 肇始于工业时代，成熟于工业时代，并在工业时代固化成为某种"职场教义"，即 HR 满足于既定的、已有的、成熟的、教条式的思维方式和行为方式，将自己封闭在职能管理的圈子里，陷入文牍模式或者表单模式，脱离生产和工作现实，不能适应互联网时代的速度和节奏。进入互联网时代以来，越来越多的人力资源管理场景与业务场景融合，人力资源管理的"纯粹性"受到越来越大的挑战。人力资源逐渐与业务接轨，HR 成为企业的业务伙伴，甚至推动企业创新。这就要求传统的人力资源管理和人力资源管理者们，务必实现两个转变：从纯粹的人力资源专业到商业化视角里的人力资源能力，从职能管理的僵化教义到解决现实问题的创新方法。

HR 从业者需要做好新功课。本部分内容构建了以 STBM 为核心视角、以生态式人力资源体系为落地抓手的新管理体系。本部分内容首先对 STBM 做出阐述和诠释。STBM，由社会（Society）、技术（Technology）、商业（Business）、管理（Management）4 个英文单词的首字母组成，作为本书提出的缩略语，用以指称互联网时代人力资源管理的核心视角。下面介绍后三者。

（一）技术

5G 时代，人与人、人与物、物与物之间的无线连接日益普及。大数据、人工智能、云计算等新技术方兴未艾，对生产和生活产生了深刻的影响，新技术必将对人力资源管理产生革命性的重要影响。

（二）商业

HRBP（Human Resource Business Partner），中文概念是人力资源业务伙伴，含义是人力资源要努力向业务看齐，争取成为业务部门的伙伴，而不是负担。这里可以提出另一个问题：HR 是谁的 BP？不论有多少个版本，互联网思维的各种说法中，排名第一的总是用户思维。现代管理学之父彼得·德鲁克早就下过定论：企业的所有用户都在企业外部，企业内部的所有部门都是成本中心。即便是企业的业务部门，也是成本中心，其存在的价值是满足企业外部客户的需求，舍此无他。因此，HR 不是业务的 BP，HR 和所有人员一样，都是用户的 BP。业务部门如果不以用户为中心，就不能够真实准确、及时高效地反映用户诉求，BP 的地位就有了问题，就不再是 HR 的 BP。

优秀企业的人力资源和业务部门已经结成了利益共同体和命运共同体，成为 stake holder（股东），而"stake holder ＞ partner"。人力资源要找到不从属或依赖于其他任意一个企业内部部门而定位的坐标系，还要有得力的工具。移动互联时代的人力资源管理，要建立以"问题、焦点、场景、招法"为要义的新管理逻辑。但凡人力资源工作，都可以明确问题，从而锁定边界；提炼焦点，从而把握要害；还原场景，从而体会用户；确定招法，从而解决收官。所有这些，本质都是人力资源从纯粹专业视角和思维模式走向商业视角和思维模式的要求和体现。

（三）管理

经济学家创造了五人理论，基本含义：一人，满足人所需（目的），满足人的多种需求；二人，依靠人来干（根本），依靠人来推进落实；三人，制度引导人（激励），激励人的积极性和创造性，同时约束人的机会主义行为；四人，资源装备人（升级），利用自然、资本、知识为人赋能和升级；五人，分工安排人（组织），通过组织优化、岗位轮换、工作变化、分工协作，让每个人各得其所。这个理论可以作为互联网时代人力资源管理的专业理论基础，它意味着：在传统时代以普通要素，即大众人力资源或者一般劳动力为主的人力资源管理，要转型升级为以高级要素，即以技术、知识、人才、信息为主的人力资源管理。要实现从普通要素管理到高级要素管理，必须通过制度变革、结构优化实现管理体系升级。

三、"互联网+"时代，HR 如何进行战略变革

(一)"互联网+"时代的 HR 管理变革

企业的人力资源在互联网时代会出现何种变革？管理的思维又会发生怎样的变化呢？如何重构互联网时代的人力资源管理模式？笔者根据多年的经验，认为互联网时代掌握人力资源管理应该结合以下三方面的内容。

1.跨越员工与客户的边界

移动互联网时代的员工与客户之间的边界被打破，在这种模糊的角色转换过程中，二者共同为用户创造价值的同时，也在为企业源源不断地贡献价值。

比如，小米庞大的粉丝群体已经成为小米手机的创意来源及传播小米品牌的中坚力量，人力资源管理的边界被打破，人力资源体系与客户开始相关联。由此，互联网时代，员工与客户跨越彼此原有的界限融合在一起，共同创造价值。

2.大数据时代的 HR 战略

互联网时代，大数据的应用给各行各业带来了一场新的革命，大数据分析技术的应用使人力资源决策的科学性得到大幅度提升。

个体与个体之间及个体与组织之间进行沟通所产生的大量数据使人力资源的程序化决策有了海量的数据支撑，为将来程序化决策的全面实现打下了坚实的基础。由于管理者地位的提升，其面临的不确定性增大，决策的难度也在逐渐增加，这种取决于管理者的理念与意志的非程序化决策需要有大量的数据作为参考。

因此，企业在运营过程中对大数据的应用应该注意以下要素：

(1) 企业要注意对员工工作信息进行收集，对员工之间的交流数据进行统计。(2) 利用大数据分析确定员工的价格预期，从而制定切合实际的基本策略。(3) 以大数据分析岗位体系，要求工作效率最大化，提高企业人事决策能力。(4) 以大数据分析劳资关系发生矛盾的临界点，尽可能规避不必要的冲突。

人力资源管理体系发展到一定的阶段时需要有精通数学的人力资源计量人才参与其中，大数据的应用开始使人力资源进入量化阶段，出现了"数据化人力资源管理"的新概念。之前国内开发人力资源管理软件的企业基本都处于亏损状态，其根本原因就在于这些企业耗费较大的资源去生产软件，却没有考虑到当时企业是由极具个性的管理者决策。

大数据分析技术的应用开始使企业的非程序化人力资源决策转入程序化决策，这使企业人力资源决策相关行业的从业者开始有了施展才能的空间。从业者利用大

数据分析技术为企业提供人力资源以及客户资源的数据发掘服务，另外，这些人力资源软件公司必须有真正懂市场、懂运营的管理者坐镇。

未来软件公司再想靠技术取胜难度将会非常大，未来比拼的将是软件内容及分析方法。没有擅长企业运营、了解市场走向、懂得消费者需求心理等方面的相关人才，仅靠一些技术方面的精英人才的软件公司则无法赢得消费者的信赖。

只有那些精通企业运营，善于从海量的数据中发掘出消费者需求信息，能够总结出市场的发展趋势，从而进行科学的人事决策的企业管理者，才能带领公司脱颖而出、铸就辉煌。

3. 从线性结构到网状结构的变革

过去的企业组织结构为自上而下的线性结构，而到了互联网时代，则演变成为一种网状式并联的结构体系，企业的运营者不再是组织结构的核心，取而代之的是消费者，以消费者的价值需求为导向。之前企业的最高决策权掌握在企业的运营者手中，而现如今的发展趋势是员工成为其工作领域的最高决策者，员工可以在本岗位上将自己的才能尽可能地发挥出来，从而进行高度自治。在未来，企业的老板将变为企业精神的象征。

海尔的创始人张瑞敏面对互联网的不断冲击时提出"企业无边界、管理无领导、供应链无尺度、员工自主经营"，这正是一个历经几十年沉淀的企业家在互联网时代对于企业人力资源管理所提出的先锋观点。过去企业的领导层管理权非常集中，呈现自上而下的单一管理结构。而互联网时代管理层的领导权开始趋于分散，谁与客户的交流最为密切，谁就会成为实现企业价值变现的关键环节，相应地，谁就拥有最高的决策权。

微软公司将员工分级制度废除，提倡人人都可以成为公司的核心，都能成为掌控公司资源调度的核心。

(二) 重构"互联网+"时代的 HR 体系

1. 建立以提升员工价值体验为目标的人才互动渠道

随着移动终端的普及，人们已经进入一个随时随地都能进行"互动"的时代，在已然呈现网状结构的企业组织里，所追求的网络化经济效益亟待加强。在并联形式的组织机构里，若想要获得话语权，就必须创新企业的产品与服务并使其创造出巨大的价值，而做到这一点的前提，是要足够靠近客户并创造出足够的附加值。这就意味着，每一个员工都有成为组织运行中心的机会。

因此，人力资源管理应将互联网时代的努力方向放在"互动"这一关键点上，使得企业中的员工能够通过不同的渠道来进行互动，这样一来，每一个员工都能够从中找到自己的价值,并激发出自己的潜在价值,促使企业人力资源更进一步地发挥作用。

若要达到上述效果,人力资源管理必须先转变观念,尤其是对"人才"认知的观念,充分认识到人才是企业最增值的资源,树立"以人为本"的管理思想。所以在管理方法上,就不能再沿袭以往的控制手段,而要将之视为人力资源产品与服务的设计及体验者。

在这样的管理观念指导下,人力资源管理者的日常工作重点应为提升员工价值体验,为了实现这一目标可以通过打造各类相关的平台,员工则可依托这些平台来参与制定人力资源管理策略、研发相关产品并进行设计与体验。

2. 建立以使命感为基础的人才激励机制

在传统的企业激励机制中,人才激励机制建立实施的基础是契约,也就是说,企业与员工在此方面有着约束与被约束的关系,薪酬也好,福利也罢,都是建立在企业的规章制度上,激励手段多打着奖惩的名义,所以员工在此方面较为被动。

进入互联网时代之后,人的观念发生了翻天覆地的变化,员工在工作过程中不再是被命令去做什么,也不再有着外界的种种约束,而是凭借自身强烈的自我驱动力和自我管理能力,去为企业创造价值。这样一来,企业与员工就能够上下一心地拧成一股绳。换句话说,如今促使员工激发潜力、创造价值的并不是规章制度中的实际奖赏,而是建立在员工与企业彼此信任上的使命感。所以,当今的人力资源管理是基于使命感而建立的新的激励机制。

为了实现这一目标,人力资源管理的激励重点应该侧重于拓展员工的事业,由此来激发员工的主动性与创造性,并在这个过程中培养其责任心,构建一个更适合员工树立自己远大理想的企业平台,促使员工在这样的环境里充分调动自我驱动、自我管理的能力去实现自己的目标,并借此促进企业的发展。

3. 建立以大数据为手段的人才管理依据

在人力资源管理的范畴内,真正基于理性运算的部分并不多,仅仅是在薪酬方面有所涉及,剩下的多是一些非程序化的决策,所以人力资源看上去与数据之间并无紧密的联系。

其实不然,在移动互联网飞速发展的今天,大数据时代已然到来,人与人之间的互动、网络行为的伴生,这种区别于传统意义上的大数据已经在各个领域里爆发出了巨大的能量,在人力资源管理的领域,自然也不例外。前面所提到的大部分的非程序化决策,完全可以借助大数据挖掘与分析走向程序化。

此外,大数据可以向管理者提供管理内容的科学依据。比如,现在的人力资源管理已经提高了对人才的重视,如何才能充分地挖掘人才的价值,并将之放置于正确的岗位是极为重要的一个环节,而与人才相关的数据分析就能够为这一环节提供重要的决策依据。

在"互联网+"的经济发展新形态下,传统行业顺利地向互联网转型是其生存下去的关键所在,而要做到这一点,关键在于人力资源管理能够重构适合本企业的管理方式。所以,企业对此进行重构时必须用互联网思维来武装自己,构建出符合互联网时代人才发展与管理特点的策略与手段,促进企业成功转型。

(三) HR 转型:构建新型 HR 管理模式

在新时代的人力资源改革中,虽然 HR 管理者在对人才的管理上可能会达不到供应链部门中的精细程度,但是在改革中学习和借鉴供应链部门的经验,对于新型人力资源管理模式也具有重要的意义。

与以往的人力资源管理运作模式相比,新型人力资源管理运作模式在组织架构、HR 战略、管理流程、技术指标和 HR 能力方面都有着明显的区分。新型人力资源管理运作模式需要更坚实的基础,而且在资源、技术和流程方面也需要进行有效的变革和提升,才能满足新型人力资源管理的要求。

因此,尽管完成新的运作模式的转型还需要几年的时间,但是已经有企业在实践中先行了一步,收获了不错的效果,为日后的成功转型奠定了重要的基础。新型 HR 管理模式的主要特点如下所述:

1. 定义产出

关键的 HR 产出能够为企业创造更高的价值,因此,要明确定义 HR 需要驱动的产出,并确定这些产出如何能够帮助业务实现目标。企业应该对现有的 HR 举措进行有效的评估,调整在 HR 方面的投资及资源配置,保证产出流程的正常执行。

2. 重新设计流程

HR 应该将眼光放在能够驱动业务价值的几个关键的 HR 流程上,比如,对人才供应渠道的改善及对人才能力的培养等。

在新型人力资源管理运作模式中,对人力资源的规划应该成为人才供应流程的起点,中间的流程包括对人才的选拔、评估、甄选、入职,而对员工的首年绩效评估则作为流程的终结。

进行人力资源规划,可以帮助 HR 更准确地识别和预测企业在人才方面的需求,从而更好地帮助企业招贤纳士。人才供应流程的负责人还应该与 HR 部门中的其他职员以及业务部门保持密切联系,帮助企业定义雇主品牌,对人力资源趋势进行分析以及预测,并改善人才获取的渠道,从而为企业的人力资源利用提供一个良好的条件。

此外，HR要对雇用的人力资源进行跟踪监控，了解他们在入职后的表现，并根据他们各自的能力以及特征安排合适的岗位。重新设计流程，关键在于打破各个部门之间的职能壁垒，通过跨职能的合作实现端到端流程的建立。企业管理者还应该对流程负责人实现充分授权，让他们能够充分发挥自己的聪明才智，促进结果的实现。

3. 探索架构变化

在定义了HR的关键产出之后，就需要采取具体的措施来对HR部门进行调整。关于HR部门的调整既可以很简单，只要拓宽职能负责人的管辖范围即可，也可以很复杂，需要对企业的组织结构进行改革，并选拔大量的流程负责人对人才供应流程进行管理。

流程负责人在新的运作模式中主要负责企业在一些领域的驱动关键产出，比如，人才的供应和管理、人员的培养、人员绩效、雇佣关系的建立和管理等。

同时，在新的运作模式中还需要HR运营负责人，主要职责是管理事务性工作交付或者外包服务，可以对企业的各项指标进行管理，并在广泛收集数据的基础上进行数据分析，为企业战略的制定提供重要的参考。

4. 提升HR能力

很多企业的HR之所以转型失败，很大一方面原因是企业只是对现有的HR进行简单的角色分配，就期望他们能够为企业提供新的服务。

要知道，每一个HR在能力以及素养方面存在一定的差距，因此很多HR负责人都开始重视对企业现有HR人才能力的评估，但是往往很多HR的能力并不能满足新型人力资源管理运作模式的需求。

在向新模型转型中的一个关键就是能够为企业选拔满足职位需求、拥有合适能力的员工，并让他们在关键的岗位上充分发挥自己的聪明才智。一般企业的关键岗位需要的都是比较高水平的资源，包括流程负责人和业务伙伴等，他们在关键角色中发挥的作用有时候甚至事关企业的成败，主要表现在以下几个方面。

流程负责人要在企业内创建无缝的、端对端的流程，将流程中的所有部分都紧密地联系在一起，同时要保证HR能实现关键产出。

此外，流程负责人还要将员工从事的单点活动与公司的整体业务产出联系起来，从而保证单点业务与整体业务的一致性，以更快地推动企业目标的实现。他们不仅要控制流程中所需的资源，还需要对流程的进展情况进行实时监控，从而及时发现问题，提出有效的改善建议，保证流程的正常运作。HR业务伙伴在企业的组织发展方面需要扮演更专业的角色，帮助业务负责人制定和执行业务战略，协助流程负责人制定人力规划战略，识别关键角色，充分挖掘他们的能力，开展继任计划，协助企业高管管理员工绩效，同时为企业的变革管理提供重要的支持，并保证业务领导的行为活动不与企业当前的文化相冲突。

5. 识别新的指标

HR 应该将目光放在与核心流程和产出密切相关的数据指标上，但是在实践过程中，HR 由于不能对价值主张进行清晰的陈述而导致缺乏合适的衡量指标。

流程负责人可以通过合理的指标更清楚地了解和掌握流程的执行情况，从而发现流程在运作中的问题，并追本溯源找到问题的症结所在。比如，在人才供应中，关键指标包括合格的申请人比例、offer 的接收率、申请人的合格比例、新员工的绩效合格率等，这些都是值得关注的关键性指标。通过对这些指标的了解和识别，可以帮助流程负责人在挑选人才的时候根据不同的需求，如有较高的 offer 接收率、新员工绩效更好等要求，选择合适的人员获取渠道。简而言之，对这些指标的识别，可以有效改善人才供应流程，帮助流程负责人更好地开展人才选拔工作。

新型人力资源管理运作模式的出现，动摇了原有 HR 部门运作的根基，采用了一种全新的思维方式来思考以及解决问题。因此这就需要 HR 有一个更加明确的价值主张，并且要重新设计和调整原有的人力资源运作方案及流程，通过对业务的关注获得更大的价值。

新型人力资源管理的出现为 HR 部门带来挑战的同时，也提供了重大的机遇，可以帮助 HR 部门摆脱困局，实现真正的成长。新型人力资源管理打破了传统人力资源的孤立现象，将其与整体的业务连接在一起，注重企业的整体产出，同时有利于培养企业的 HR 形成系统性的思维方式。

更重要的是，新型人力资源管理模式可以让 HR 更好地理解自己的贡献与业务需求的匹配，从而激发他们的工作积极性，为企业贡献更多的力量。

已经有部分公司开始实践新型人力资源管理模式，他们已经成为这种新模型的先驱和领跑者，他们的身上都有着共同的特征：不管是业务领导者还是 HR 负责人，都始终抱着同一个目标，就是依靠组织及人才战略建立企业的竞争优势。

随着企业生存环境的日益复杂，企业所面临的人力资源挑战将越来越大，要想让企业在竞争中始终保持自己的优势，企业需要挖掘并留住更多的人才。作为一个 HR，你是想要企业成为领跑者，还是落于人后，答案显而易见。

第二节　互联网时代人力资源管理与传统人事管理的差异

一、概述

在《管理的实践》中，德鲁克提出了著名的三问：我们的事业是什么？我们的事业应该是什么？我们的事业将是什么？这三个经典问题已成为管理者们的重要逻辑框架和指路的灯塔。面对风口和潮流，人力资源管理者们借用德鲁克三问，或许可以找到所有关键问题的密码：①我们所从事的人力资源管理是什么？②我们所从事的人力资源管理应该是什么？③我们所从事的人力资源管理将会是什么？其实，德鲁克老师已经在《管理的实践》中给予了答案或者答案的线索。

企业是由人创造和管理的，而不是由经济力量创造和管理的。经济力量限制了管理者所能做的事情，也创造了新机会让管理者能有所作为，但是经济力量本身不能决定企业是什么或做什么，管理者不仅要发现这种力量，还要靠自己的行动，创造这股力量……

企业都有且只有这两个基本功能：营销和创新。我们只能从外向内看，即从顾客和市场的角度，来观察我们所经营的事业。我们的事业将是什么，牵涉四个问题：市场潜力和市场趋势，经济发展、流行趋势和品位的变化，竞争对手的动作、创新，今天还有哪些顾客需求无法从现有的产品和服务中获得充分满足。

由此，我们可以得出关于人力资源管理的根本性的看法：(1) 人力资源管理所管理和服务的对象，是企业所有的人，目的就是要创造市场力量，企业所有人员的核心功能，也就是价值，就是营销和创新；(2) 只有从顾客和市场的角度，才能真正看清所有管理，也包括人力资源管理的成效，只有从社会和市场等变化趋势中，才能真正懂得我们的事业将会如何，也才能懂得我们的人力资源管理将会如何。

另外一位管理学大师亨利·明茨伯格在《战略历程》这本"纵览战略管理学派"的著作中，将战略管理学分为十大学派，分别是设计学派、计划学派、定位学派、企业家学派、认识学派、学习学派、权力学派、文化学派、环境学派和结构学派。这一划分方法，无形之中为我们提供了一个透视当今人力资源管理的攻略或技法，可以对当今的人力资源管理进行分类。

腾讯认为，移动互联网时代的新特征和新用户对于 HR 的需求主要体现在以下几个方面：(1) 业务需求对效度和程度的提升，多变性要求更高，HR 需要更富有弹性；(2) 员工个体主义与自我管理的实际诉求，需要 HR 研究人性、管理人性；(3) 移动互联网时代对信息、智能工具的深入使用；(4) HR 要能够通过服务促进公司战略落地。

因此，HR应该具备三合一的能力和绩效：前瞻性业务变革活动的加速器、管理问题快速诊断的顾问、HR工作高效交付的专家。HR需要具备三大作用，分别是前瞻性牵引的作用、体系支撑的作用、紧贴业务的作用。为更好地呼应需求，实现HR自身的价值，在三支柱模型的基础上，进行了调整和完善，腾讯建立了符合自身商业模式和生态特色的人力资源管理体系。

腾讯的HR创造性地提出："人力资源是一个很好玩的工作。"人力资源专业是和人打交道的专业，也是很好玩的专业，他们认为，实现这个"好玩"就是要让HR具备用户属性，即要有"互动性、针对性、易触及"，要有产品属性，人力资源的产出要有产品化思维，就是要实现端到端的可定制、可自选，产品要不断升级、不断打磨。

移动互联网时代，人力资源管理不仅要考虑"转型、转化、转变"的三转问题，更要考虑在STBM框架下的变形问题，要能够根据社会、技术、商业、管理四大要素的自身变化和相互之间互动所构成的新组合，不断进行自身的变形，以自身的柔性和弹性来应对和适应STBM的变化。HR不能固守某一个引进的形态或者某一种引进的模式，而要首先回归根本，从HR的3个核心问题出发，进行深入的思考。人性和人心是最为根本的立足点和出发点，同时人力资源工作结果变形为产品，人力资源管理者变形为产品经理。

二、互联网时代高校人力资源管理发展趋势

（一）从高校"管理人员"转变为决策层的"战略伙伴"

高校制定战略就是为了应对事先未知的、突发的各种状况，并在时代变革中保持旺盛的生命力，不断发展。为了适应高校发展的需要，人力资源管理不再只关注传统的事务性工作，而更多地参与学校战略的制定，通过对相关政策的执行情况和数据分析等方式为决策层制定学校战略献计献策。如今，人力资源战略已经成为高校战略的重要组成部分。

（二）树立"大人才"观念，采用多种方式做到"人尽其才"

在移动互联网时代衡量一所高校是否有竞争力，要看有多少人才为其所用。移动互联网的广泛使用使得"自由人"越来越多，人才流动频繁，高校拥有人才的成本加大。人才的价值体现在其拥有的知识上，只要拥有知识，管理好知识，将人才的知识与高校的发展有机结合起来，即便将来人才流失了，他（她）的知识也会留下来。

(三)管理方式从粗放转向精细化

精细化管理是现代人力资源管理的必然要求，它以常规管理为基础，主要目标是最大限度地减少所占用的管理资源并降低管理成本。传统的高校人力资源管理是粗放型的，不注重人的特质，用高校的需求制定各种政策，迫使教工去适应这些条条框框。在移动互联网时代，个人特性凸显，高校更加注重人力资源管理的细节，在制定制度、工作流程和工作模式等方面尽可能满足不同教工的需要。

(四)依靠大数据制定人力资源管理决策，并对人力资源的价值进行计量管理

依靠大数据制定人力资源管理决策，并对人力资源的价值进行计量管理，已经逐渐成为高校人力资源管理的核心。利用移动互联网，高校很容易掌握大量人事的相关数据，如薪酬水平、出勤率、离职率等。根据这些数据，人力资源管理部门可以对未来的人才发展趋势进行预测，制定相应的策略，为高校制定决策提供比较客观的支持。数据化还使得高校更加注重信息化建设，将人力资源管理变得更为简便快捷，降低管理成本，从而使HR有更多的精力和时间投入组织发展和战略规划。

第三节 互联网时代人力资源管理的主要模式

一、"互联网+"时代高校人力资源管理模式

(一)平行管理模式

作为人力资源管理模式之一，平行管理模式不仅能够实现管理者与管理对象的统一和平等，也能加强管理者集中化管理的能力，这对人力资源管理的发展具有重要意义。特别是在"互联网+"的时代背景下，很多高校都建立起了人力资源管理的信息化平台，使得这一模式得到了进一步的应用。

(二)换位管理模式

作为一种先进且高效的管理方式，换位管理模式充分体现了"想职工之所想，急职工之所急"的管理理念，其不仅能够为广大教职工建立有效的沟通渠道，同时也为高校人力资源管理的发展提供强有力的情感支撑，使得管理者与管理对象都受到了应有的尊重和信任。不过，需要注意的是，"互联网+"时代下的换位管理模式，

并非等同于人情管理和迁就管理，在实际管理过程中，相关的管理人员应去除个人情感，以一视同仁的心态进行换位思考和管理。

(三) 激励驱动管理模式

激励驱动管理模式，是人力资源管理的又一重要方式，主要是通过采取一系列的激励措施，来达到提高相关工作人员的主动性和积极性的目的。激励驱动是决定管理对象工作效能的核心要素，更是创建稳定和谐的人力资源管理环境的先决条件。不过，需要注意的是，在判断一个人的业绩表现及能力表现时，不应以主观判断为准，而应该通过建立公开、透明、科学的评价体系，以实事求是为原则，才能最大限度地调动相关工作人员的工作热情，从而促进高校人力资源管理的效率及水平提升。

二、"互联网+"时代高校人力资源管理模式的创新路径

(一) 通过构建信息化管理平台，奠定高校人力资源信息化管理的基础

在"互联网+"时代背景下，教育信息化已经成为一种发展趋势，而在高校人力资源管理过程中，同样需要实现信息化管理，才能满足时代发展的要求。作为高校人力资源管理的重要基础，不断构建"互联网+教育"模式的信息化管理平台，显得尤其重要。从现状来看，尽管很多高校已经通过开发或购买软件的方式实现了信息化管理，但是各个软件之间并不能够实现互联互通，造成了较为严重的成本浪费。

为了避免此类现象的发生，需要构建一个统筹的平台，以实现各个软件之间的联通和信息共享。通过构建不同的用户端口，高校在人力资源管理过程中的不同管理需求才能得到满足，这加强了人力资源管理工作与其他教育工作的联系，同时在很大程度上提升了学校人力资源管理的成效。

(二) 通过完善信息化管理系统建设，提升高校人力资源信息化管理水平

作为高校整体信息化建设的重要组成部分之一，信息化管理系统的建设对推动高校人力资源信息化管理具有非常重要的意义。特别是在"互联网+"时代，想要提高高校人力资源管理效率及水平，则需要加快完善信息化的管理系统建设。依托于现代先进的科学技术手段，信息化管理系统需以高校师生的需求为出发点，并能够起到良好的文化宣导作用。只有这样，才能提升相关人员的满意度，提升自身的管理能力及水平。

(三)通过建设人力资源管理生态链，不断完善高校人力资源管理的功能

在"互联网+"的时代背景下，为了能推动高校人力资源管理的全面展开，并完善其管理功能，需要不断建设人力资源管理生态链。在此基础上，高校要借助其他有效手段，使管理工作得以落实：一方面，为了能够让管理人员进行数字化决策，高校可以实施领导决策支持系统；另一方面，为了能够为相关管理人员提供更大的便利，高校管理可以通过手机APP的方式加以实现。

参考文献

[1] 宗良.经济学理论创新的中国探索基于理论模型视角 [M].北京：中国人民大学出版社，2022.

[2] 尹俊.经济学理论与中国式现代化：重读厉以宁 [M].北京：社会科学文献出版社，2022.

[3] 徐雷.竞争优势理论 [M].广州：中山大学出版社，2022.

[4] 沈映春，乐晓飞.经济学悖论的破解：经济效益理论 [M].北京：北京航空航天大学出版社，2021.

[5] 田亚楠.经济社会学理论分析与实践探索 [M].天津：天津人民出版社，2021.

[6] 中联华文，广东财经大学学报.中国书籍学研丛刊：经济理论与探索 [M].北京：中国书籍出版社，2021.

[7] 李宝伟.货币与金融经济学基本理论十讲 [M].天津：南开大学出版社，2021.

[8] 高煜，王聪.现代经济学理论与方法创新论坛（十三）[M].北京：中国经济出版社，2021.

[9] 李佳明，钟鸣.21世纪人力资源管理转型升级与实践创新研究 [M].太原：山西经济出版社，2021.

[10] 李舟安.组织发展手册组织设计与组织生命周期 [M].北京：人民邮电出版社，2021.

[11] 张向前.人力资源管理基于创新创业视角 [M].长春：吉林科学技术出版社，2021.

[12] 马海刚.HR+数字化人力资源管理认知升级与系统创新 [M].北京：中国人民大学出版社，2021.

[13] 赵曙明，斯蒂芬·尼古拉斯，刘春林，等.全球投资新技术与创新人力资源管理实践 [M].南京：南京大学出版社，2021.

[14] 宁宁.公共人力资源与政府绩效管理优化 [M].长春：吉林人民出版社，2021.

[15] 金钢，金科.中国国际人力资源合作创新发展 [M].青岛：中国海洋大学出

版社，2021.

[16] 温晶媛，李娟，周苑. 人力资源管理及企业创新研究 [M]. 长春：吉林人民出版社，2020.

[17] 宋志章. 企业人力资源管理创新研究 [M]. 哈尔滨：黑龙江大学出版社，2020.

[18] 陈伟. 人力资源管理发展与创新 [M]. 长春：吉林科学技术出版社，2020.

[19] 张雪荣. 企业人力资源管理发展与创新 [M]. 长春：吉林出版集团股份有限公司，2020.

[20] 李明哲. 人力资源管理艺术与思维创新 [M]. 长春：吉林美术出版社，2020.

[21] 傅航. 基于创新视角下人力资源管理的多维探索 [M]. 北京：北京工业大学出版社，2020.

[22] 王全在. 新发展理念下人力资源管理的发展与创新 [M]. 西安：西北工业大学出版社，2020.

[23] 张亚丽. 经济学 [M]. 广州：中山大学出版社，2020.

[24] 吴光华. 宏观经济学基础 [M]. 武汉：华中科学技术大学出版社，2020.

[25] 林云. 创新经济学理论与案例 [M]. 杭州：浙江大学出版社，2019.

[26] 孙福庆. 应用经济学理论前沿 [M]. 上海：上海社会科学院出版社，2019.

[27] 王岩. 循环经济的经济学理论基础研究 [M]. 北京：经济科学出版社，2019.

[28] 何爱平. 发展政治经济学理论框架与分析范式 [M]. 北京：中国经济出版社，2019.

[29] 上海社会科学院"资源和环境可持续发展"创新团队. 生态经济学国际理论前沿 [M]. 上海：上海社会科学院出版社，2019.

[30] 陈承明，苑睿钊，王金霞. 经济学概论 [M]. 上海：上海财经大学出版社，2019.